卖个
好价钱
让农副产品好销快销

力金定　编著

WUHAN UNIVERSITY PRESS
武汉大学出版社

图书在版编目(CIP)数据

卖个好价钱:让农副产品好销快销/力金定编著.—武汉:武汉大学
出版社,2019.4(2021.10 重印)
ISBN 978-7-307-20824-7

Ⅰ.卖… Ⅱ.力… Ⅲ.农副产品—市场营销学 Ⅳ.F762

中国版本图书馆 CIP 数据核字(2019)第 055005 号

责任编辑:聂勇军　　　责任校对:李孟潇　　　版式设计:马　佳

出版发行:**武汉大学出版社**　　(430072　武昌　珞珈山)
　　　(电子邮箱:cbs22@whu.edu.cn　网址:www.wdp.com.cn)
印刷:武汉图物印刷有限公司
开本:720×1000　1/16　印张:10　字数:131 千字
版次:2019 年 4 月第 1 版　　2021 年 10 月第 6 次印刷
ISBN 978-7-307-20824-7　　定价:22.00 元

前　言

　　党的十九大报告站在历史与未来的交汇点上，首次提出乡村振兴战略，这是惠及亿万农民的大事、好事、实事。乡村振兴，前提是农民振兴，关键是农民思想振兴，有新思路，有新技能，有新作为。面临信息化的时代浪潮，掌握现代科技，学会新型营销之道，就能为乡村振兴插上腾飞的翅膀。

　　目前，农副产品经营中普遍出现了买方市场，各地几乎都正面临着"种得出，养得出，却卖不出"的严峻形势，一些地方农户种养获得大丰收，却"谷贱伤农"，收入反而不如往年，甚至出现亏损。

　　农副产品"卖难"是个老问题，原因不外以下几个方面：

　　一是农副产品供求失衡。囿于农副产品的特殊性，受时空分布的局限性影响较大，造成时间上或地区上的供求比例失衡，由此造成销售失衡或冷热不均。

　　二是农副产品众多且繁杂，质量良莠不齐，导致农副产品行业整体质量下降，消费者尤其是城市消费者对农副产品质量不认可。

　　三是当前农副产品营销中间环节过多，产生资源浪费和效益浪费，农副产品在反复转手中不断遭到贬值，不利于农副产品行业的扩大再生产。

　　四是农户品牌意识缺乏，品牌附加值低，不能形成市场中的优势品牌

1

来带动行业发展或树立行业形象。

五是物流配送能力的短板短期内无法得到根治，导致农副产品无法运出或耗时较长，"快销"优势无法得到发挥，市场机遇白白丧失。

六是信用支付系统不健全。消费者不敢支付或不敢放心支付。

目前我国的农业正由传统农业向现代农业转变，我国农业发展进入了一个新的阶段，农副产品出现了局域性、结构性、阶段性的过剩，农副产品"卖难"的问题将越来越严重。如何才能在激烈的竞争中求生存，如何提高农副产品的竞争力，如何才能将农副产品顺利地卖出去，如何将农副产品卖到国外去，这些均是广大农民朋友目前所要面临的具体问题。要解决这些问题，就要求农民朋友在经营中树立市场营销新观念。

本书总结了我国农副产品市场营销的实践，从农副产品市场营销的原理和技巧两个方面对农副产品市场营销的策略、渠道及加工方法等进行了较为全面的介绍，尤其是关于农副产品电商的介绍，在此基础上，还列举了相关农副产品营销的成功案例，目的就是帮助农民朋友把优质农副产品更好、更快地销售出去，在竞争中求生存，在竞争中谋发展。

"互联网+"的时代已经到来，部分传统行业已开始削减线下业务，大力开辟线上市场，农副产品营销也不例外。农副产品营销应加大创新力度，抓住当前互联网发展的利好，结合当地实际，加强物流设备的投入，提高农副产品物流的配送能力，建设好"互联网+农产品"营销新模式。

本书力求内容通俗易懂，图文并茂，突出科学性、针对性、实用性和趣味性；力求用新技术、新内容、新形式，开拓营销的新境界。本书所阐述的内容并非是将农副产品营销的方法逐项涉及，而是将一些基本的知识以及具体操作方法介绍给广大农民朋友们，希望对农民朋友们有所帮助，并能起到抛砖引玉的作用。期盼广大农民朋友们能从本书中受到教益，在农副产品营销领域做出成绩，早日走上发家致富之路。

本书在编写过程中虽然倾尽全力，但由于编者水平所限，难免会出现疏漏或错讹之处，恳请读者批评指正。

本书在编写过程中参考了国家相关部委以及物流行业等相关部门网站，也参考了前人撰写的相关资料，对他们的辛苦付出表示衷心的感谢！

在本书编写过程中，有许多同志对本书的编写做出了努力，他们是：石丽芳、柳旺泉、黎红飞、柳叶青、柳迎春、聂佳鑫、项亚娟、吕志宏，他们或者参与具体编写，或是提供数据，或是提供相关案例，或是参与审校，对他们的辛苦工作一并表示衷心的感谢。

编　者

2019 年 4 月

目　录

第一章　农副产品分类及特征 ······························· 1

　一、农副产品分类 ······································· 1

　二、农副产品的生产及经营特点 ··························· 2

　三、我国农副产品的地理分布 ····························· 4

　四、我国土特产的品种及地理分布 ······················· 7

　五、做懂营销的现代化农民 ····························· 13

　六、充分掌握现代信息 ································· 15

　七、农村贸易的"红娘"——农产品经纪人 ··············· 24

第二章　农副产品销售渠道分析 ························· 28

　一、零售商 ··· 30

　二、批发商 ··· 32

　三、农副产品批发市场 ································· 36

　四、跨国营销 ··· 40

第三章　农副产品交易常识 46

　　一、营销常识与基本技巧 46

　　二、农副产品营销策略 50

　　三、农副产品定价技巧 55

　　四、农副产品的包装策略 60

　　五、如何向银行申请创业贷款 64

　　六、如何签订农副产品销售合同 69

　　七、农副产品经营中的风险控制 84

第四章　农副产品深加工 94

　　一、农副产品深加工 94

　　二、国家大力发展农副产品加工业 95

　　三、发展啥样的农副产品加工业比较好 96

　　四、有哪些财税方面的扶持政策 97

　　五、粮油农副产品深加工 98

第五章　农副产品电商营销 107

　　一、电子商务概念 107

　　二、电子商务模式 108

　　三、电子商务的特点 110

　　四、当前我国农村电子商务发展现状 112

　　五、新农民如何做电商 116

　　六、淘宝开店实例讲解 124

　　七、农村淘宝及京东农村 130

　　八、微商 134

附录 ·· 139

附录一　农业部办公厅关于印发《农业电子商务试点方案》的
　　　　通知

·· 139

附录二　国务院办公厅关于促进农村电子商务加快发展的指导
　　　　意见

·· 145

参考文献 ·· 150

第一章
农副产品分类及特征

一、农副产品分类

农业是人类利用植物或动物生长、繁殖机能，通过人工培育，获得食物、工业原料和其他农副产品，以解决人们吃、穿、用等基本生活资料的生产部门。作为农业的一个重要分支，农副产品一般指农产品及由农业生产所带来的副产品，前者一般指来源于农业的初级产品，即在农业活动中获得的植物、动物、微生物及其产品，国家规定的初级农产品是指种植业、畜牧业、渔业产品，不包括经过加工的这类产品，而在农产品之外的其他产品如稻草、兽皮、鱼干等则是副产品。

通常而言，农副产品包括农、林、牧、副、渔五业产品，可分为粮食、经济作物、禽畜产品、干鲜果、干鲜菜及水产品等若干大类，每个大类又分若干小类。

农副产品可简单地分为植物类、动物类两种。植物类的农副产品包括人工种植和天然生长的各种植物的初级产品和副产品，如粮食、烟叶、茶叶、园艺植物、药用植物、油料植物、纤维植物及林业产品等。动物类的农副产品包括人工养殖和天然生长的各种动物的初级产品和副产品,如各类水产品、畜牧产品、动物皮张、动物毛绒等。

目前,国家为了支持农业发展,对一些农副产品进行免税优惠,判定是否属于免税农副产品主要看是否为自己生产。《中华人民共和国增值税暂行条例》第十五条规定:农业生产者销售的自产农产品免征增值税。从规定可以看出,农业生产者销售的自产农产品才免征增值税,自产是免税的关键,否则就要征税了。例如同样是土豆和香蕉,如果是农民将自己种植的土豆以及香蕉拿到菜市场去销售,就属于免税的农副产品;如果超市购进土豆及香蕉后向公众销售,则土豆和香蕉就不属于免税的农副产品了。

二、农副产品的生产及经营特点

与工业品相比,农副产品(适应农民朋友习惯,本书有时也简写为

"农产品")在生产及经营上有其自身的特性。

（1）品种多、数量大。农副产品是人类生存之本，凡是有人居住的地方，一般都有当地的农副产品，中国960多万平方公里的国土上，居住着13亿人，均依赖当地的农副产品为生，各地的特色农副产品不计其数。

（2）生物性。无论是种植业，还是养殖业，都有固定的生长节奏，农副产品无法像工业品一样，依靠大机器进行工业化生产，而是有着强烈的生物性，离开当地的自然资源条件和生活环境，就无法生存。

（3）季节性和周期性。对种植业来说，是季节性，作物的季节性决定了产品上市的旺季和淡季；对于养殖业来说，是生物周期性，养殖业的生物周期性，是由动物的怀孕期、生长期、成熟期所决定。季节性和生物周期性的存在，使得农副产品在生产和销售时，并不因市场变化而有快速调整的余地，有滞后效应。

（4）区域性。新疆的棉花，山东的高粱，湖北的大米，金华的火腿，每个地方由于受土壤、日照及温度等自然条件及人文影响，农副产品各不相同，尤其是种植业表现得尤其明显。农副产品由于地域性特点突出，产生了许多地理标志产品。未来，农业的地理标志产品会越来越多。

（5）技术性。农副产品是"活"的物种，构成复杂，受自然条件及生产条件所限明显，主要靠个人的经验去种植及养育，因此农副产品生产有很强的技术性，一般人无法快速掌握其生产要点。

（6）分散性。农副产品种类繁多，从地理分布到组织形态都具有较大的分散性，这也造成了农副产品收购的复杂性，需要经过由少积多、由分散到集中的过程来完成收购任务。

（7）待加工性。目前农副产品以初级产品为主，产品附加值低，需要经过干燥、挑选、分装、屠宰等简单加工或进行机器化工业生产，才能延长其保存期限，提高农副产品附加值。

（8）对销售渠道功能要求高。农副产品不易保鲜，不易保存，加之生产地与销售地路途遥远，因此对产品运输要求较高，销售渠道也要多而广，能够在某一时间段内快速集中大批量销售，时间性要求较强。

（9）受自然灾害、国家政策影响较大。农副产品受自然灾害及国家政策影响较大，风调雨顺，则生产旺盛；灾害频发，则颗粒无收。除受自然灾害影响外，国家政策对农副产品生产及销售影响也较大，国家提高农副产品收购价格，则刺激农民生产；反之，则农民少生产或不生产。

（10）品牌性不足。传统的农副产品一般是自产自销，广大农民并没有品牌意识，导致产品附加值不高。近年来，受市场经济以及电商影响，一些农副产品生产者已经意识到品牌对产品销售的重要性，但限于自身素质以及缺乏运营能力，农副产品品牌营销效果不佳。

三、我国农副产品的地理分布

如前所述，我国农副产品品种丰富，分布地域广泛，每个地方差不多都有地标性农作物，这些农副产品既是人类赖以生存和发展的首要条件，又是国民经济得以存在和发展的基础。

1. 粮食作物

常言道："无粮不稳，无商不活。"粮食问题关系一国之稳固，我国以占世界7%的耕地面积，却养活了占世界22%的人口，这得益于我国优良的地理位置以及千百年来劳动人民的耕作意识。目前我国粮食作物构成比较复杂，而且地域不同种类也有差异，但主要作物仍然大体类似，有稻谷、小麦、玉米、高粱、谷子和薯类。

目前，我国共有四大主要商品粮基地，一是南方高产商品粮基地，包括长江三角洲、江汉平原、鄱阳湖平原、洞庭湖平原、珠江三角洲、成都平原。这些地区人多地少，但自然条件优越，劳动力充足，精耕细作，集约化水平高，粮食单产和商品率较高，每年提供的商品粮占全国各基地商品粮的60%以上，是我国重要的商品粮基地。二是东北低产商品粮基地，包括三江平原和松嫩平原。该区土地辽阔，土质肥沃，人少地多，粗放经营，粮食单产水平低，但总产量高，粮食商品率高达35%，每年能向国家提供20%的商品粮，是我国发展潜力最大的商品粮基地。三是西北干旱区商品粮基地，包括河西走廊、河套平原和银川平原。该区气候干旱，历来是依靠河流灌溉发展农业生产，是我国旱涝保收的商品粮基地。四是淮河平原商品粮基地，该商品粮基地地跨江苏、山东、河南、安徽四省。虽然单产不高，但粮食商品率已高达20%，能为国家提供相当数量的商品粮。

2. 经济作物

经济作物又称技术作物，是轻工业的主要原料和人民生活吃、穿、用的农作物。经济作物的种类繁多，可分为纤维作物、油料作物、糖料作物、水果和其他经济作物。

纤维作物是纺织工业的重要原料，主要有棉花、麻类和蚕茧等。我国棉花主要分布在黄河流域棉区、长江流域棉区、西北内陆棉区，棉花产量以山东、河南、河北三省最多。我国是世界上主要产麻国之一，也是麻类品种最多的国家，主要品种有黄麻、红麻、苎麻、亚麻等。广东、广西和浙江以及湖南、湖北、四川、江西等省为主要产麻区。油料作物中主要有花生、油菜籽、芝麻、胡麻、大豆、向日葵等。我国油料作物的种植面积在经济作物中居首位，是世界上油料作物种植最多的国家。糖类作物主要包括甘蔗和甜菜，其中以甘蔗为主。甘蔗主要分布在南方沿海各省区，甜菜分布在北方各省区，所以有"南蔗北菜"之称。

3. 林业

我国森林资源主要分布在东北、西南地区以及中南、华东部分省、区，形成三大林区，即东北林区，包括大、小兴安岭和长白山地区，是我国最大的天然林区。西南林区，主要包括横断山区、藏东南山地和滇南的各林区，是我国第二大天然林区，也是我国树种最丰富的地区。南方林

5

区，包括秦岭—淮河以南、云贵高原以东的广大山地丘陵，包括湖南、湖北、安徽、江西、浙江、福建、广东、广西、贵州等九个省区，是我国以人工林为主的林区。树种除用材林外还富有多种经济林木，是我国最大的经济林区。

4. 畜牧业

我国畜牧业生产一般以东北松嫩平原西部—辽河中上游—阴山山脉—鄂尔多斯高原东缘—祁连山脉—青藏高原东缘为界，此线以西以北为牧区，以东以南为农区。牧区畜牧业包括内蒙古、新疆、青海、西藏、四川、甘肃、宁夏的部分地区，是我国目前主要的畜牧业基地，以放牧为主，牛、马、羊、骆驼为其主要牲畜；农区畜牧业位于我国东南部，分布于我国以耕作业为主的广大地区，面积占全国的 48%，耕地占全国的92%，人口占全国的近 97%，牧畜总头数占全国 80% 以上，大大超过牧区。该区以耕作业为主，畜牧业处于从属地位，但畜牧业生产在全国畜牧业中仍占有重要地位，是我国以猪禽为主的重要畜产品生产基地。

5. 水产业

水产业是包括了捕捞、养殖、保鲜加工和运销等一系列生产环节的产业，一般以鱼类的捕捞、养殖和加工为主，故有时也习惯地称为渔业。我国的水产业分为淡水水产业和海洋水产业两大部分。

海洋水产业是对海洋中的鱼类、虾蟹类、贝类、藻类和海兽类等水产资源进行人工繁殖、合理捕捞和加工利用的生产事业，它包括了海洋捕捞业和海洋养殖业。我国海洋水产品中，鱼类产量最大，约占 3/4。主要渔场包括渤海海区渔场、黄海海区渔场、东海海区渔场、南海海区渔场。我国水域分布很广，有各种淡水水面 3 亿多亩，淡水渔业历史悠久，是世界上开展池塘养鱼最早的国家。从渔业生产的自然条件、资源分布和渔业生产现状来看，可将全国分为四大水产区，即长江、淮河流域渔区，华南塘鱼精养区，华北平原及黄土高原塘库粗养渔区，东北河、湖、库渔业区。

四、我国土特产的品种及地理分布

土特产是土产和特产的总称。土产一般指农副产品，特产是指各地土产品中具有独特品质和风味的产品。

我国土特产数量众多，品质优良，不仅在生产和生活中占重要地位，有许多产品还是传统的出口产品，在国际市场上享有盛誉，有广阔的销路，是创汇物资之一。我国土特产品分布广泛，种类繁多，这里只介绍干菜类土特产。

1. 木耳

木耳有黑、白两种，我国以黑木耳生产为主，黑木耳营养价值很高，深受国内外市场的欢迎。我国黑木耳主要分布在湖北、四川、广西、云南、黑龙江、吉林等省。白木耳又称银耳，是一种珍贵的补品，主要分布于四川的通江和万源、福建的古田、湖北的保康和房县、贵州的遵义、陕西的西乡等地。其中四川通江有"银耳之乡"之称，福建的古田银耳是银耳中的珍品。

2. 金针菜

金针菜又名黄花菜，主要产于湖南、陕西、江苏、浙江、甘肃、河南、四川等省。湖南省产量最多，约占全国产量的一半，以邵阳、邵东为主产地。江苏宿迁、泗阳等地所产的金针菜，质量最好，其中泗阳有"金针菜之乡"的美称。

3. 榨菜

榨菜为我国特产，是农副产品中的佳品，在菜肴中独树一帜，以鲜、香、嫩、脆、辣为独特风味。榨菜主要产在四川的涪陵、江北、丰都、长寿等地，而以涪陵产量最大，质量最佳。浙江省产量仅次于四川，是我国榨菜的第二个生产基地。

4. 菇类

菇类是可供食用的菌类植物，我国的菇类资源极为丰富，产地遍布南北，可供食用的不下几百种，常见的主要有香菇、平菇、草菇、猴头菇等。其中香菇被誉为"农副产品之王"，主要产于福建、江西、浙江、安徽、广东、广西、四川等地。

5. 笋干

笋干是用嫩笋加工而成的，主产于江南各省，其中浙江、福建两省产量占全国的60%以上，名品有浙江的天目笋干等。

6. 发菜

发菜是一种山珍，属于野生藻类植物。它不同于海水中的海带和紫菜，而是贴着地皮生长在荒漠或半荒漠的草原上，因而又叫"地毛"。新鲜的发菜呈蓝绿色或橄榄色，风干后，变成黑色，形如一团乌黑的人发，故而取名"发菜"。主要产于宁夏、内蒙古、青海、甘肃等省区，其中宁夏、内蒙古产量最大。

◎ 小知识

各省（市）有哪些优质土特产品

北京

北京鸭梨、京白梨、白鸡、烧鸭、油鸡、北京蜂王精、大磨盘柿、密云金丝小枣、少峰山玫瑰花、门头沟大核桃。

上海

南汇水蜜桃、松江回鳡鲈、城隍庙五香豆、崇明金瓜、嘉定大白蒜、崇明水仙花、张江腰菱、浦东三黄鸡、崇明大闸蟹、青浦茭白。

天津

天津小枣、天津对虾、天津红果、天津板栗、天津核桃、天津鸭梨、红小豆、沙窝萝卜、银鱼、盘山柿子、紫蟹。

云南

云南山茶花、普洱茶、大理雪梨、苍山杜鹃花、云木香、象牙芒果、无眼菠萝、宝珠梨、梅子、八角、蜂蜜、黑木耳、松茸、鸡枞、三七、虫草、砂仁、云归、玫瑰大头菜。

吉林

人参、园参、党参、五味子、贝母、细辛、木通、天麻、黄芪、龙胆、甘草、刺五加、山葡萄、越橘、苹果梨、猕猴桃、黑木耳、梅花鹿茸、熊胆、松花江白鱼。

内蒙古

驼毛、山羊皮、灰鼠皮、猞猁皮、鹿茸、王府肉苁蓉、党参、枸杞、黄芪、黑木耳、发菜、鹿胎、麝香、水獭、旱獭皮、贺兰山蘑菇、黄河鲤鱼、莜面、胡麻。

山西

晋祠大米、沁州黄米、大同黄花、平顺花椒、山西潞麻、稷山枣、汾阳核桃、清徐核桃、山楂、山西党参、黄芪、上党连翘、平陆百合、大同沙棘。

甘肃

发菜、薇菜、蕨菜、康县木耳、兰州百合、黄花菜、甘谷辣椒、兰州香桃、临泽红枣、河西沙枣、沙棘、陇南猕猴桃、陇南甜柿、天水花牛苹果、冬果梨、软儿梨、兰州白兰瓜、苦水玫瑰、紫花苜蓿、黄芪、岷县当归、甘草、祖师麻、滩羊。

青海

雪莲花、青贝母、西宁大黄、冬虫夏草、柴达木枸杞、西宁地毯、鹿茸、蕨麻、青海菜花蜜、青海白蘑菇。

广西

罗汉果、沙田柚、荔枝、香蕉、柑橙、金橘、木菠萝、菠萝、桂圆、芒果、山楂、山葡萄、灌阳红枣、扁桃、猕猴桃、白果、香菇、甜菜、甘蔗、玉林优质谷、薏米、木薯、桂林花桥牌辣椒、金银花、桂皮、灵芝菌、安息香、田七、茯苓、漓江鱼、府州桂花鱼。

广东

凤凰菜、五指山菜、九峰白毛茶、荔枝、槟榔、杨桃、菠萝蜜、荔枝蜜、香蕉、椰子、龙眼、木瓜、话梅、潮州柑、何首乌、三黄胡须鸡、潮汕膏蟹、沙井鲜蚝、万宁燕窝。

福建

枇杷、龙眼、荔枝、菠萝蜜、坪山柚、文旦柚、橄榄、天宝香蕉、凤梨、柑橘、海田鸡、金定鸡、扇贝、鲍鱼、东山龙虾、津浦对虾、紫菜、武夷岩茶、铁观音、福州茉莉花茶、古田瓶栽银耳、香菇、凤尾菇、馆溪蜜柚、漳州芦柑、闽笋。

浙江

西湖龙井花茶、江山绿牡丹茶、天月清顶茶、华顶云雾茶、杭菊、浙贝、白芍、元胡、玄参、麦冬、镇海金橘、温州瓯柑、奉化水蜜桃、萧山杨梅、塘栖枇杷、义乌南枣、昌化山核桃、长兴白菜、金华佛手、湖州雪藕、天目笋干、绍兴麻鸭、龙山黄泥螺。

江苏

银鱼、茉莉花茶、稻香村茶食、阳澄湖大闸蟹、东乡羊肉、刀鱼、金山翠芽茶叶、鲥鱼、水蜜桃、金扑蟹、绿毛龟、虞山绿茶、丰县红富士苹果、银杏、大头茶、云雾茶、雨花茶、宜兴毛笋、如皋白园萝卜、香芋、泰兴白果、宜兴板栗、高邮双黄蛋。

江西

浮红茶、茉莉南昌银毫、南丰蜜橘、上饶早梨、猕猴桃、云雾毛尖茶、婺源绿茶、信丰红瓜子、鄱阳湖银鱼。

山东

大果旦杏、纪庄大青梨、芦笋、明月香稻、烟台苹果、烟台大樱桃、莱阳梨、肥城桃、乐陵金丝小枣、大泽山葡萄、崂山金钩海米、日照海米、泰安板栗、曹州牡丹、平阳玫瑰花、莱州月季、海参、鲍鱼、潍县萝卜。

安徽

酥梨、香草、银鱼、白芍、亳菊、苏山毛峰、祁门红茶、太平猴魁、黄水猕猴桃、黄山石耳、大别山木耳、巢湖银鱼、怀远石榴、宣州板栗、天柱剑毫、九华山黄石溪毛峰、桐城小兰花茶、萧县葡萄、三潭枇杷。

河北

山楂、沙棘、核桃、黄花菜、猕猴桃、棒子、赵州雪花梨、兴隆红果、沧州金丝小枣、宣化葡萄、京东板栗、涉县核桃、口蘑、祁州药材、沙北血杞。

河南

洛阳牡丹、大京枣、兰考葡萄、百子寿桃、内黄大枣、水城辣椒、信阳毛尖、孟津梨、灵宝苹果、贵妃杏、广武石榴、金银花、黄河鲤鱼。

湖北

武昌鱼、酥黄蕉、天麻、大头菜、半夏、金黄蜜枣、隆中茶、蜈蚣、洪湖莲藕、薏仁米、湖北贝母、苎麻、黄麻、仙人掌茶、宜红茶、玉露茶、青砖茶、黑木耳、银耳、香菌、柑橘、核桃。

湖南

湘莲、君山茶、古丈毛尖、君山银针、偈滩茶、黄花菜、薏米、玉兰片、油茶、苎麻、白蜡、金橘、安江香柚、中华猕猴桃、白芷、永州薄荷、玄参、湘黄鸡、淑浦鹅。

辽宁

辽宁苹果、辽西秋白梨、榛子、山楂、辽阳香水梨、北镇鸭梨、大连黄桃、孤山香梅、香蕉李子、软枣、猕猴桃、板栗、对虾、海参、海带、文蛤、鲍鱼、扇贝、香螺、梭子蟹、紫海胆、裙带菜、丹东杜鹃、五味子、人参、鹿茸、细辛。

贵州

化风丹、遵义毛峰、都匀毛尖、湄江茶、香菇、黑木耳、银耳、黑糯米、香米、薏仁米、天麻、麝香、茯苓、党参、三穗鸭。

四川

五胖鸭、元宝鸡、自贡红橘、自贡牦牛肉、四川柑橘、合川大红袍、泸州桂圆、阿坝苹果、潼南黄桃、金川雪梨、巴山核桃、麝香、白芍、虫草、天麻、白芷、大黄、川楝、川木香、川贝母、川明参、黄龙香米。

陕西

红枣、杏仁、天麻、牛手参、牛黄、银耳、华县大接杏、秦冠苹果、火晶柿子、洋县香米、洋县黑米。

宁夏

黄河大鲤鱼、丁香肘子、甘草、发菜、枸杞、滩羊裘皮、沙棘、宁夏山杏、西瓜、蚕豆、马莲、固原鸡。

新疆

无花果、巴旦杏、石榴、甜瓜、哈密瓜、香梨、野苹果、雪莲、红花、新疆贝母、西马茸、肉苁蓉、甘草。

西藏

冬虫夏草、灵芝、金耳、雪莲花、藏红花、藏羚羊角、麝香、旱獭皮、人参果、胡黄连。

黑龙江

榛蘑、蕨菜、松茸、猴头蘑、元蘑、椴树蜜、黑木耳、猕猴桃、橡子、榛子、松子、白瓜子、鹿茸、鹿肾、熊胆、人参、西洋参、紫貂皮、水貂皮、水獭皮、猞猁皮、貉子皮、香鼠皮、灰鼠皮、麝鼠皮、五常大米。

（来源：http：//www.sohu.com/a/121681029_548787）

五、做懂营销的现代化农民

我国是一个传统农业大国，农业经济的发展直接关系到农产品的销售状况。随着市场经济的发展，市场意识已深入人心，以往只问耕耘不问收获，日出而作日落而息只满足于日常生活起居的小农意识已经落伍，新的形势需要农民积极行动起来，紧随农业生产发展的潮流，改变传统观念，善于利用现代化信息手段，做一个现代化的新农民，为农副产品好销快销插上腾飞的翅膀。

1. 传统农副产品交易中存在的问题

我国的农业已经进入了一个新的发展时期，农副产品供求关系发生了重大的变化，由以前单纯的以数量关系制约为主转变为以质量和品种制约为主，农副产品市场竞争日益激烈。农副产品的数量品种有的过多，只能贱卖，有的则过少，无法满足市场需求；技术含量不高的农副产品过多，高质量、高技术含量的农副产品则非常稀缺。

（1）竞争过于激烈，流通环节过多。随着经济的发展，我国的农副产品生产整体上缺乏统一的计划管理，导致很多农副产品品种严重过剩。在这种情况下，农副产品经营户只得竞相压低价格，甚至亏本经营，严重影响农副产品经营秩序。此外，传统的销售模式也抑制了部分市场需求。对农户来说，中间环节过多，再加上农产品的包装和运输条件较差，往往导致农副产品经营者损失惨重。据统计，我国每年新鲜农副产品在运输过程中的损失率高达 25%~30%，而发达国家的损耗率则保持在 5%以下。

（2）部分经营者法律意识淡薄，缺乏经营道德。正是由于农副产品经营者的整体素质不高，有些经营户不讲职业道德，强买强卖，阻碍了市场良好信誉的建立和良好风气的形成。除此之外，农副产品经营者的法律意识也很淡薄，很多农副产品市场经常出现以次充优等违法行为。

（3）农副产品流通配套设施系统不健全。建立低成本、高效率的农副产品流通服务体系和物流配送系统，对于具有易腐性、单位体积大、经济价值低等特点的农副产品来说是至关重要的。但目前我国农副产品流通服务体系不健全，物流配送体系触角不发达，许多农副产品由于无法运输出去，只能烂在地里。

（4）农副产品批发市场不发达。批发市场在农副产品流通中具有重要的地位，它是农副产品流通中十分重要的渠道。农副产品的生产经营具有"小规模、大群体"的特点，即从生产、加工到市场销售，均表现出参与个体与组织众多，但规模与离散性强、层次低、组织化程度低的特征，这就需要借助批发市场把农副产品的生产者、经营者联结起来。但目前许多批发市场运作缺乏企业化运营思路，批发市场设施与服务功能有待系统化。同时，市场信息化建设也严重滞后。

（5）产品没有特色，缺乏产品品牌意识。品牌是质量的保证和信用的承诺，而我国大多数的农户，尤其是落后地区的农户品牌意识尤其薄弱，创造产品品牌的积极性也不高，同类产品雷同现象明显，没有任何特色。

2. 农副产品营销要树立新的营销观念

以上这些情况迫使农副产品经营者必须尽快树立新的营销观念，主要包括：

（1）信息观念。市场信息是有关市场营销状况的消息和情报，是进行市场营销活动的重要资源。农民朋友一定要充分利用信息的指导作用。不以可靠的信息作为基础，一味地以自己的想法武断地去种植或种养，那最终结果只有一个：只能看着别人数钱而自己赔钱。

（2）质量观念。除了信息观念外，农民朋友在经营中还应具备质量观念。如果你是顾客，到菜市场买了一堆外表看起来很好的茄子，可是切开一看，里面竟然都烂了，会不会立即有种上当的感觉？道理都是一样的，质量把握不好只能流失顾客，最后倒霉的还是你自己。

（3）效率观念。在农产品营销活动中，"快"是一大特点，商机来得快，消失得也快；消费者需求变化快，抛弃得也快。这些均要求我们要时刻保证信息快、决策快、营销快，归根结底要求你的效率高。只有效率提高了，你才能抓住商机，掌握营销主动权。

（4）风险观念。任何行业都有风险，从事营销活动必须敢于承担风险，善于避开风险，减少风险，分散风险，同时还要善于化风险为商机。农副产品行业是一个变化很快的行业，作为新时代的农民，一定要有风险观念。

（5）竞争观念。所谓竞争观念，就是要积极地参与市场竞争，在竞争中争顾客、争质量、争效益。竞争的规律是市场经济发展的必然规律和客观要求。目前我国相当一部分农民竞争观念薄弱，市场意识不强，辛苦一整年，却是增产不增收，影响了致富进程。因此，作为新时代的农民，必须要有竞争观念。

确立起以上这些新观念是做好农副产品营销的前提条件。新时代的农民朋友，你具备了这些新观念了吗？

六、充分掌握现代信息

及时、准确的市场信息是农民朋友进行农副产品营销决策的基础和依据。目前的农副产品营销，普遍存在着一定程度的盲目性和无计划性。因此，广泛收集信息、善于捕捉农副产品营销商机就成为农副产品营销者必备的一项基本功。

1. 什么是信息

简单地说，信息就是具有新内容、新知识的消息，就是指情况、情报和消息。信息是现代农民进行生产、经营、决策的基础和依据。目前农民在经营中跟风明显，表现为看别人种某种菜挣钱，其他农民就盲目跟进，结果蔬菜好不容易种出来了，销路却成了问题。所以说，科技时代，信息是关键。

一切营销活动，从营销方向的确定到目标市场的选择；从农副产品品种的选择到产品销售之后的服务；从营销决策的制定到营销策略的运用，都要以信息为先导，以信息为依据。只有掌握了最新的信息，你才能稳赚不赔。信息是管理者的耳目，要捕捉到好的商机，就必须掌握来自各方面的信息，知己知彼方能百战百胜。

市场信息是反映市场交易活动的数据、情报和资料。市场信息包括很多方面，比如市场的供求状况、价格变动、购买力投向、竞争产品的上市情况等。农民朋友只有掌握了相关信息才能更好地适应市场经济。农业市场化要求现代农民按照市场经济规律去认识农业发展过程，运用市场机制连接农业产前、产中、产后诸多环节并处理好生产、分配和消费之间的关系，这一切就要依靠充分的市场信息来把握。

2. 信息就是财富

随着科学技术的日益发展，信息在人们的日常生活中越来越显示出它的重要性。现代化的信息媒介和通信手段，使我们无论在哪里都可以感受到形形色色的信息扑面而来。有效而真实的信息是资源，也是商机。农民朋友在进行农副产品营销的过程中离不开信息，从某种程度上说，信息就是农副产品营销的生命之源。

获取信息的方法有很多种，你的朋友、你的竞争对手，报纸、杂志、网络、广播、电视……每天都会有大量信息随时随地供你参考。生活中处处充满着信息，只有善于收集整合信息的人，才能比别人先一步找到发财的机会。

3. 网络是获取财富的最佳捷径

电脑和网络尤其是移动网络的普及，标志着全球信息化时代的到来，神奇的网络正在融入现代社会的每一个角落，网络为现代人的生活和现代商业的发展打开了一个五彩缤纷的虚拟世界。

互联网技术的应用，给农副产品营销注入了新的生机和活力。从传统模式下的农副产品面对面交易，到通过对各种资源的整合，利用先进、便捷的信息技术，搭建农副产品市场信息平台，利用网络平台实施农副产品营销，这是一个历史的必然趋势。与传统的营销模式相比，这种方式具有许多优点：

（1）增加交易机会。当主要产区的农副产品供过于求，出现大量囤积现象时，就会出现"增产不增收"的现象。但在互联网上，生产者能提前发布不同季节、不同地区的农副产品种类、价格、生产方面的信息，打破了传统"靠天收"的规律，把市场扩大到全省、全国、全球，还可以提供24小时的交易机会。传统交易市场受时间限制，而网络则没有这样的限制，只要你上网，网络市场是随时向你开放的。传统的营销活动有地域限制，网络销售则是一种全球性活动。任何一个网民都可以是你的目标客户，网上银行和速递公司还可以成为你在网上销售最强有力的助手。

（2）降低交易费用。传统的农副产品销售，从生产者到购买者之间，存在着大量的中介，买卖双方要花费大量的时间、精力和金钱才能获取有关农副产品生产和价格的信息。而互联网作为信息通信媒体，能提供各种各样的相关信息，大大降低信息查找成本，而且还可以缩短小农户与大市场之间的距离，通信速度快，信息传播成本低。整个交易过程从发出订单、付款到发货都自动化操作和实施，比电话、传真等传统渠道效率更高、费用更低。从促销成本上看，网上促销活动的费用是传统广告费用的十分之一。

（3）减少农副产品腐烂变质损失。农副产品具有鲜活性、易腐性。在传统的营销方式中，流通过程由于时间长会导致农副产品腐烂变质损失，而通过网络这个信息平台，农副产品可以快速到达客户，使农副产品减少销售所占的时间，减少农副产品的腐烂变质损失。

（4）提高了价格透明度。在传统的购销方式中，中介方往往要在中间环节盈利，以至于中间环节越多，价格形成就越复杂，层层加价导致"豆腐盘成肉价"，最终的结果就是农户受到挤压，消费者付出更多的金钱。而网上销售农副产品比传统销售方式的价格透明度要高，没有中间环节，价格会低很多。

（5）有利于对农业生产进行正确的决策。我国农业生产一直存在的一个矛盾就是"小农户"与"大市场"的矛盾，而通过农副产品网络营销，就可以为农户和农业企业提供全方位的市场信息，农户和企业通过分析市场情况，从而形成正确的生产决策。

那么，农民朋友应该掌握哪些信息呢？

（1）方针政策信息。要及时了解中央和各级政府关于加强农业的各项方针、政策、措施，如扶持农业、加大对农业的投入、减轻农民负担和增加收入、提供农业保障的新信息。

（2）实用技术信息。为加速科技成果向现实生产力的转变，实现效益农业，农民要掌握各种农副产品深加工以及食品饮料系列加工、酿制等逐渐由单一农业向立体农业转化的高新技术信息。

（3）优良种苗信息。随着市场的发展和变化，要掌握高产、优质、高效粮食作物及果树、瓜类、药材等产业方面的名优特新种苗信息，以适应市场，增加收入。

（4）农资供应信息。面对农资市场供应渠道多、门类复杂的现实，需要了解化肥、农药、农机、高效肥液、植物激素等方面的产销趋势，尤其是要了解中央和地方控价、维护农民利益的信息，还要了解鉴别假冒伪劣产品的知识，以防诈农、坑农。

（5）市场变化信息。许多农产品尤其是经济作物，受市场变化影响极大。因此要不断获取有关信息，随时调整种植结构，绝不能根据往年经验或赶浪头，那样往往容易失败。对一些经济作物，可采取反季节种植，往往可卖得好价钱。

（6）气象变化信息。农业生产是露天工厂生产，与气象条件关系密切，农民要随时了解气象部门对气象形势的预测，做到早防范，有的放矢地种植某些农作物或采取抵御异常气候变化的对策，减轻自然灾害的危害程度。

（7）劳务信息。需要租用劳动力的农民，要先了解外地劳务方面的信息，不可盲目租用劳动力。

（8）经商信息。对欲外出销售的农民来说，需不断了解商品供求情况和价格变化等信息。

4. 注重农副产品市场调查与预测

作为从事农副产品的生产经营者，只有经营适销对路的农副产品，做到生产和需求相结合，才能有效避免"销售难"的问题。要想达到这个目的，做好前期的市场调查是很重要的。

市场调查的内容十分广泛，主要包括以下几个方面：

（1）市场需求信息。包括关注买方市场购买力和购买动机、需求偏好与需求趋势分析等，其中收入水平是重要的因素之一。除此之外，他们对产品的需求程度、替代品的价格等也是调查的重要内容。

（2）产品信息。包括产品供应的数量、质量、品种和规格等信息以及产品的生产技术信息等。生产技术信息主要包括国内外同类产品的生产科技发展水平与方向，农业生产技术人员所掌握的技术水平，农业劳动者对产品生产环节所涉及的各项技术的熟悉和应用程度，农业科技成果的应用及推广等内容。

（3）市场价格信息。包括产品的出厂（产地）价、批发价、零售价等，产品的比价和差价的水平及变化，价格目标和价格策略，价格对供求关系的影响等。

（4）市场供给信息。实际上就是市场竞争信息，包括市场上同类产品供给者的基本情况、竞争能力和竞争者的发展动向。包括：同类农产品生产经营者的数量、主要分布地区、产品数量、产品销售情况和市场占有率等。

（5）生产资源信息。主要指从事农产品生产活动所利用或可利用的各种资源，主要包括自然资源和社会经济资源。自然资源指自然界存在的，可以作为农业生产所必需的气候、地理和生态等资源。社会经济资源指人类通过自身劳动而提供的资源。

（6）社会信息。主要包括社会政治、经济和文化信息。比如农业政策、法律等出台情况及其所产生的影响。在涉外的经济业务中，还包括涉外国家间的政治信息等。

农户们找到了适合自己种植的农副产品后，还要懂得营销，尤其是随着信息化时代的来临，要学会网上营销，懂得"两微一端"，通过"互联网+"，将农副产品销往全球。

5. 农民朋友如何进行电商营销

在论述这个问题之前，先看一则新闻。

这些"新型农民"成了全国人大代表 他们靠电商激活乡村产业

贵州有个"老干妈"，重庆石柱有个"谭妹子"。

石柱也盛产辣椒。谭建兰成立三红辣椒专业合作社，"谭妹子"品牌做到上亿产值。一年多以前，这位全国人大代表又开出淘宝店。她对当地媒体透露自己的小目标：做大做强电商，让石柱红辣椒辣遍全国、香遍世界，让广大椒农"种椒无忧，卖椒不愁"。

全国人大代表中，至少有十几位谭建兰这样的"新型农民"，都在淘宝天猫开了店。他们被媒体称为"鸭司令""豆皮西施""吉他大王"……

他们借力电商，激活了一个村乃至一个县的产业，带动当地农民脱贫致富。

（一）

32 岁的全国人大代表梁倩娟，曾经是一名流水线工人，7 年前返乡创业，在甘肃徽县水阳镇石滩村开起淘宝店"陇上庄园"。

梁倩娟在淘宝上邂逅了爱情，店铺也做到"皇冠"级别，将 400 多户农家的土特产卖到全国，其中 100 多户是贫困户。

全国人大代表、90 后程梦醒同样在淘宝上卖家乡特产。2014 年，她从湖北轻工职业技术学院毕业，回到家乡湖北应城市三合镇三结村，办起一家豆皮公司。

来自贵州的 90 后全国人大代表杨昌芹，是省级非物质文化遗产赤水竹编的第六代传人。她将一个小加工作坊发展到公司化运营，公司的竹编产品也出现在淘宝。

29岁的全国人大代表朱登云被称为"牧羊女"，她回到湖南靖州成立养殖专业合作社。去年11月她参加了一个农产品电商训练营，随即加入淘宝开店行列。

（二）

农村电商，不仅是90后80后的天下。

在湖南临武，53岁的全国人大代表胡建文创立了舜华鸭业。电商帮助这个县里的品牌走向全国。2018年"双11"，舜华鸭业天猫店一个小时即售出5万只酱板鸭。

山东菏泽曹县是著名的淘宝县，在这样的氛围之下，58岁的全国人大代表、曹县五里墩村党支部书记王银香，开始发力电商。她所负责的山东银香伟业集团，旗下品牌"归一"牛奶在天猫上销售势头不错。

53岁的全国人大代表孙斌是黑龙江桦南县梨树乡和平村农民。他创立的孙斌鸿源农业开发集团，在淘宝开售"孙斌大米"。

此外，多位70后全国人大代表也纷纷试水电商。福建永泰县希安油茶专业合作社负责人卢玉胜、山西右玉县张千户岭村养殖专业合作社负责人张宏祥开卖农产品；河南辉县市裴寨村党支部书记裴春亮干脆将"裴寨村"搬上淘宝。

几年前，全国人大代表郑传玖和兄长郑传祥将广州的吉他制造工厂迁到家乡贵州遵义正安县。数十家吉他制造同行陆续入驻，为县里带来一个新产业。正安吉他通过线下渠道及淘宝天猫等线上平台热销全球，曾引来马云点赞。

（三）

发展农村电商，推动乡村振兴，是全国两会热点话题之一。而很多来自基层的全国人大代表，正在践行农村电商。

有的全国人大代表，依托农业合作社或龙头企业，带动成千上万人脱贫增收，如浙江武义县柳城镇青坑村委会主任、更香有机茶业董事长俞学文，如河南虞城县的上市公司科迪集团董事长张清海。

在天猫超市和科迪食品官方店等平台，科迪旗下"小白奶"极为畅销。三个多月前，20多名豫籍全国人大代表到科迪考察，就对"小白奶"借力电商成为网红的故事尤感兴趣。

有的全国人大代表，或经营规模较小，或刚刚接触电商，如贵州从江县祖英民族刺绣合作社负责人韦祖英、普安县布依族"男绣娘"韦波，但不管怎样，他们都已感受到数字经济为乡村带来的红利机会。

当然，农村电商尚在起步阶段，问题和困难还有不少，如乡村物流梗阻、电商人才缺乏等。而多位代表委员中的"新型农民"，也在为农村电商和返乡创业建言。

3月3日下午，全国政协首场委员通道，贵州六盘水市盘县淤泥乡岩博村党支部书记余留芬委员就讲到一些边远山区网络需要提速，帮助年轻人实现开网店等梦想。值得一提的是，余留芬也是天猫商家，岩博酒业旗舰店让"人民小酒"触手可及。

梁倩娟则希望各方关注网络营商环境，给商家更多经营安全感。这次全国两会，她还想通过自己的经历，"让更多人了解农村电商，也带动更多人通过电商脱贫致富。"

（来源：人民日报，2019年3月6日）

电商营销的概念很广，涉及生产、运输、供应链管理、支付等，简单地说，就是通过网络进行销售，它以信用关系为基础，基于电商平台，通过线上交易方式，获得与以往通过实物实人实钞而获利的相同效果。

曾几何时，农产品销售难问题一度困扰着广大农村的产业发展，这其中既存在交通不便、企业规模小等原因，但更多的还是受销售渠道不畅、销售市场狭小等因素制约。在当今移动互联网时代，发展农村电子商务，依托各种电商平台，把本区域特色农副产品外销，可有力地带动农副产品的生产和销售。

随着互联网的日益普及，电子商务平台已成为促进经济发展新的增长点，它不仅能够引导企业不断生产适合农民生产、生活的必需品，还可以带动物流、仓储、包装等上下游产业协同发展。农村作为尚待开发的消费市场，农村电子商务平台对于农副产品的生产销售具有重大的影响。

当然，农村发展电商，也存在不少问题，最主要的就是人才的缺乏、物流成本高。目前，长期生活在农村的农民以中老年人为主，他们对新事物、新信息的接受能力较弱，而年轻人和专业人才则更多地留在了城市，导致农村电商人才缺乏。同时在农产品电商风潮之下，物流成本的瓶颈效应正在凸显，"最后一公里"的物流成本问题仍是当前农村电商发展面临的主要问题。

因此，促进农村电商发展，仍需政府政策发力，对于人才的渴望、对于扶持资金的渴求、对于降低物流成本、对于完善农村物流体系的向往，是当今农村电商发展对于政府提出的新要求。在农村调查中，许多受访农户希望政府加大对电商人才的引进培训力度，希望政府加强财税资金扶持力度，还有许多农户希望政府优化完善农村物流体系。当然，要满足农户的这些渴求，政府部门任重而道远。

关于农民如何进行电商营销，本书将在第五章进行详细讲解。

七、农村贸易的"红娘"——农产品经纪人

农产品经纪人是我国"三百六十行"中的新生儿，他们反应灵敏，不辞辛苦地在农村商品生产与销售之间牵线搭桥，为促进我国农产品流通发

挥了积极作用。

1. 什么是农产品经纪人

农产品经纪人，就是根据农产品经纪人国家职业标准，从事农产品收购、储运、销售以及销售代理、信息传递等中介活动而获取佣金或利润的人员。简单地说，农产品经纪人就是在农村经济活动中，为促成农业生产及产品交易而进行的中介、代理、产品营销等经营服务人员。农产品经纪人又叫涉农生意中间人或者农村经纪人，他们的诞生迎合了农业、农村和农民（三农）的发展需求，在厂商和农民、城市和农村之间筑起金色的经济桥梁。他们是农村经济发展的必然产物，也是推动农业走向市场经济的重要力量。

2. 农产品经纪人的类型

农产品经纪人的种类繁多，主要有以下几种类型：

（1）销售型经纪人。顾名思义，就是专门负责农产品的收购和销售的"牵线搭桥"之人。

（2）科技型经纪人。就是既懂技术又会经营的专门人才，他们能利用自己掌握的科技为农民服务。经纪人在为农民服务中获得了收入，农民又增强了科技意识，在农户中普及了科学知识，推广了科技办法，因此，科技型经纪人在农村最受欢迎。

（3）信息型经纪人。21世纪是信息的时代，农产品想要卖出去就离不开大量实用、准确的市场信息。这类经纪人能为农民提供各种信息，这些信息能使农民少走弯路，早日走上发家致富路。

（4）复合型经纪人。这类经纪人既是生产者，又是信息提供者，也是销售者。

有些人也许对农产品经纪人的出现不能理解，农产品经纪人的出现是农业市场化阶段的必然现象和客观要求。我国农民一般商品观念薄弱、市场意识差、信息闭塞、经营方式落后，农产品经纪人一般是农牧业大户或农村的经济能人，他们通过上网浏览各种信息和新技术并向农民传播，在活跃农村经济、连接农户和市场方面起着特殊的作用，办了政府不能办和农民办不了的事情。建立农产品经纪人队伍，是连接农户与市场的重要保证。农产品信息闭塞已成为制约农村经济发展的瓶颈，特别是传统农业向现代化农业的转变中，农产品销不出去成了农民沉重的负担。农民依靠龙头企业和经纪人的指点，可以知道种什么好，种多少，不愁卖，安心种，由此可见农产品经纪人的重要性。

3. 农产品经纪人的重要作用

（1）有利于搞活农产品流通，发展农产品生产与加工业。

（2）有利于发展多种形式的产业化经营。产业化经营的每一个环节都是农产品经纪人"穿针引线"的结果。

（3）有利于加快农业和农村经济结构调整。农产品经纪人已经成为促进农业和农村工作的积极力量。

（4）有利于保障农产品质量安全，提高农产品质量。

（5）有利于促进城乡经济协调发展。

综上所述，可见农产品经纪人的发展，不仅成为农户与市场衔接的桥梁和纽带，还推动了区域生产的发展，促使农民的科技水平不断提高。

当然，农产品经纪人也不是那么好当的，这涉及从事该行业的职业道德及职业规范问题。农产品经纪人的职业道德规范包括：爱岗敬业，诚实守信；遵纪守法，办事公道；精通业务，讲求效益；服务群众，奉献社会；规范操作，保证安全。

据不完全统计，我国现有农产品经纪人800万人左右，这是一支庞大而年轻的队伍。当然，我国目前确实存在农产品经纪人过多过滥，农产品经纪人过分压低农产品价格，农产品经纪人违法倒卖农产品以及农产品经纪人收钱后跑路等问题。针对这些问题，我国也采取了相应的措施，包括教育农产品经纪人守法经营，营造农产品经纪人良好的发展氛围和环境，强化治安管理，提高农产品经纪人的组织化程度等，既在加强农产品经纪人队伍上下工夫，也从提高农产品经纪人的整体素质上着手。

目前我国的农产品市场化改革正处于关键时期，农产品市场化改革以及实施农产品经纪人制度至少解决了五个问题：一是刺激了农产品生产，基本解决了农产品短缺的问题；二是上门收购，解决了农民卖农产品难的问题；三是避免了"农产品白条"，让农民拿到了现钱；四是促进了农产品加工业的发展，促进了乡镇企业的兴起；五是促进了农产品专业化、集约化的生产，提高了农产品生产的效率。因此，只要农产品市场化改革的方向没有错，就不应该否定农产品经纪人制度。

第二章
农副产品销售渠道分析

在商品经济社会里，大部分产品要经过一定的流通渠道和销售环节，才能完成产品从生产者向消费者的转移。不同的渠道可以得到不同的流通效果。因此，农副产品要选择合适的营销渠道才行。

农副产品营销渠道是指农副产品从生产领域向消费领域转移的过程中，由具有交易职能的商业中间人连接的通道。在多数情况下，这种转移活动需要经过包括各种批发商、零售商、商业服务机构（比如经纪人、交易所）在内的中间环节。

农副产品营销渠道的作用包括：第一，促进生产，引导消费。农副产品只有通过市场交换，才能到达消费者手中，才能实现其价值和使用价值。第二，吞吐商品，供求平衡。农副产品的供求具有明显的季节性和区域性不平衡特征，而农副产品营销渠道可以使农副产品跨越时空的限制，从而缓解这种不平衡的矛盾。第三，加速商品流通，节省流通费用。农户想要依靠自己的力量出售自己的全部农副产品是不现实的，这要占用相当多的人力、物力、财力和时间。农户选择合适的农副产品营销渠道，一方面，可以缩短农副产品的流通时间，相应地缩短再生产周期，直接促进生产的发展；另一方面，可以减少农副产品在流通领域占压的商品和资金，加速资金周转，节省流通费用。第四，扩大农副产品的销售范围，提高农副产品的竞争力。

在庞大的农副产品流通网内，营销渠道可以说是错综复杂的，根据农副产品本身的特点，营销渠道有以下几种常见的模式。

（1）生产者→消费者。这种模式又叫直接渠道，是指生产者将农副产品直接出售给消费者，是最直接、最简单和最短的销售渠道。比较常见的有农户在农场门口开设门市部，或在市场上摆摊设点，将其生产的农副产品直接销售给最终消费者。

（2）生产者→零售商→消费者。农户将农副产品出售给零售商，再由零售商卖给最终消费者。

（3）生产者→批发商→零售商→消费者。农户将农副产品卖给批发商，批发商再转卖给零售商，最后出售给消费者。

（4）生产者→收购商→批发商→零售商→消费者。农副产品的收购商有两种，一种是基层农产品经营部门设立的独立核算的收购站和供销社，另一种是个体商贩。他们收购了农副产品，然后倒卖给批发商。

（5）生产者→加工商→批发商→零售商→消费者。这种模式主要是有些农副产品的原始状态不适合消费者直接消费，必须经过加工后再出售给消费者。

（6）生产者→代理商→收购商→加工商→批发商→零售商→消费者。这种方式有代理商的加入。一般来说，代理商实力强，规模大，可代理好几种农副产品。

以上就是农副产品营销活动中最基本的营销渠道模式，随着时代的进步，一些陈旧的渠道模式逐渐衰落或消失，而新的销售渠道则取而代之，如网上交易、电商营销等（本章对网上交易、电商营销等新渠道暂时不作介绍）。

一、零售商

凡是以从事零售业务为主要经济来源的组织和个人都称为零售商。菜农在田间、地头、农贸市场直接把产品出售给消费者，或直接把农副产品送到客户（如饭店、小餐馆）手中，这些都属于零售。零售商具有以下功能：为消费者提供服务，也就是为购买方服务；为农副产品生产企业和个人以及农副产品批发商服务。这种营销渠道的特点是：营销渠道短，产品的流动速度快，农户和购买者是面对面地进行交易，不存在产品的转手流通。

农副产品零售商的类型繁多，新形式层出不穷。按其经营方式、经营商品的种类、服务的区域和管理形式的不同，可分为以下几种形式。

（1）超级市场

超级市场也就是我们经常说的超市。超市在中国很普遍，其优点是：自动售货、薄利多销、一次性结算、营业面积大、进货量大、普遍增设服务项目，如免费提供停车场、免费送货、免费为顾客装车等。随着市场竞争加剧和绿色农业的发展，很多农副产品，尤其是绿色农产品纷纷进入超级市场参与竞争。

（2）专营商店

农副产品专营商店是指专门经营一种或几种农副产品的零售商店。农副产品专营商店一般营业面积较小，雇员较少，销售效率高，营业费用低。目前，在我国的大中城市，农副产品经营大多采用这种形式。这种经营方式富有特色、个性，经营的农副产品品种比较齐全，专业性也比较强。缺点是经营范围小，服务质量一般。

（3）农副产品摊贩

农副产品摊贩从业人员很多，农副产品摊贩的做法是根据贩卖经验和市场行情，每天清晨从农副产品批发商手里批得适量的农副产品，经过分级、整理，以不同的价格出售给消费者。目前，农副产品市场上的摊贩主要有两种：一种是固定摊贩，另一种是流动摊贩。固定摊贩一般从农副产品贩卖市场租赁一个摊位，专门从事经营活动。流动摊贩则以三轮车或机动车为工具，走街串户地进行销售，有的小商贩甚至只有一副担子或一对筐子。摊贩的优点是：量小、灵活，对市场需求变化反应迅速，能及时满足消费者的需求。当今中国的亿万城市居民、农村集镇居民，大多靠这些摊贩提供每天需要的农副产品。缺点是：农副产品质量没有保证，进货渠道没有保证，人们不知道吃下去的农副产品是不是符合无公害农副产品的要求。有一些黑心的小摊贩，经常以次充好，损害了广大消费者的利益。

（4）连锁商店

连锁商店是指众多的、分散的、经营同类商品或服务的零售企业，在核心企业（连锁总部）的领导下，以经济利益为连接纽带，统一领导，实行集中采购和分散销售，通过规范化经营管理，实现规模经济效益的现代流通组织形式。连锁商店在1859年始创于美国，其管理制度是实行统一化和标准化，组织中的各家商店在定价、宣传推广以及销售方法等方面都有统一规定。连锁商店统一进货，价格上可享受特别折扣且在存货、市场预测、定价政策和宣传推广技术等方面都有较高的管理水平，因而具有成本较低的优势，其缺点是缺乏灵活性。

（5）便利店

便利店也即小型的商店，大多出现在农村的中心地带或是城市的居民区。这种便利店的优点是：营业时间长，销售家庭常用的商品，比如香烟等，也兼售农副产品。这些便利店往往是夫妻店，有的也雇用一两名员工。缺点是：消费者主要利用它们做"填充式"采购，所以这些便利店的农副产品销售价格相对就高一些，但是它满足了消费者对一些重要物品的需求，急消费者之所急，消费者也愿意为这些便利品付出相对较高的代价。

（6）饭店、餐馆、旅馆

这也是一种渠道，很多农户都跟这些饭店、餐馆、旅馆有联系，其优点是：农户直接送货的价格要比外面买的便宜，而且质量也有保证。缺点是：这种方式消费量较少，相对于超市等来说，这里只有少数的客流量。

二、批发商

农副产品批发是指将农副产品销售给为了转卖或其他商业用途而进行购买的个人或组织。农副产品批发商就是把农副产品卖给那些为转售而购买的农副产品零售商的中间商。顾名思义，批发就是一批批地进货，然后往外一批批地发，批发商就是一批批卖货的商人。

1. 批发与零售的特征对比

批发与零售的特征对比分析，如表 2-1 所示。

表 2-1 批发与零售特征对比表

	零 售	批 发
活动对象	最终消费者	商业用户、产业用户、其他业务用户
交易过程	交易量及其金额相对较少	批量交易，有批发起点
双方关系	购买的行为随机性大，感情冲动型购买所占比例比较大	关系相对稳定，购买活动理性化
流通阶段	是流通的最后阶段	呈多阶段性
交易范围	交易范围比较小	交易范围比较广泛

批发商是相对于零售商来说的，零售商就是只卖一个或两个产品，而

批发商是卖大量的产品，一般为两个以上或几千几万以上。与农副产品零售商相比较，批发商具有以下特点：

①农副产品批发商的交易次数较少但每次交易数量却很大，并有一定的批发起点，以批发价格出售。

②农副产品批发商的交易对象往往比较稳定，他们对交易产品的价格、性能都有比较深刻的了解，具备一定的专门知识。

③农副产品批发商拥有比较雄厚的资金，可以承担比较大的风险。

④农副产品批发商的活动范围广。

⑤农副产品批发商对市场变化的反应比零售商更加敏感。

⑥农副产品批发商的商品很大一部分是原始产品或初级产品，因此批发交易结束后，商品流通过程并没有结束，而是将商品转到另一个企业或组织手中继续进行流转或进行生产再加工。

2. 农副产品批发商的作用

农副产品批发商是连接农户和零售商的纽带，随着经济的社会化和现代化，农副产品批发商所起的作用越来越突出。农副产品批发商通过将大批量拆分成小批量，或将小批量组合成大批量的方式，将商品组合成不同的数量，以满足不同消费者的需求。他们向生产单位或商业单位购进商品，供应给零售商或其他单位。因此，批发商是在不改变商品或劳务性质的情况下，完成商品在空间的转移，以达到销售的目的。可以说，批发商是产品流通的大动脉，是销售渠道中的关键环节。批发商作为生产者与零售商之间的中间商，从市场营销的角度来看有以下作用：

①促进农副产品的销售。农户通过批发商的大进大出，可以迅速、大量地卖出产品，减少库存，加速资本周转，并可使商品在地区间和时间上合理地流动，解决产销矛盾，促进生产和消费的平衡。农副产品经过批发商这个环节，看似增加了一道关卡，其实这是农副产品销售的集约化和社会化，由批发商来处理商品的各条流通渠道，速度会更快，效率也会

更高。

②储存货物，发挥空间效用。批发商吃进大宗货物以后，必须想办法保持一定的库存量来储存农副产品，一方面，可以减轻农户的一部分库存压力；另一方面，批发商有一定的农副产品库存，可以为顾客经常、及时地提供货源，最大限度地减少缺货。

③批发商能沟通生产与消费信息。批发商可凭借自己的实力，帮助生产者促销产品，并为其提供市场需求信息。批发商大批量购进商品后，可按零售商的需求，组合产品特色、规格和品种，并为其提供产品供货信息等。农副产品批发商可以为农户引进外地新产品品种，介绍新技术并提供对农副产品的改进建议，为其管理出谋划策。

④批发商能为生产者发挥资金融通作用。批发商的资金是一笔独立的资金，一方面，它可以为农户提供赊销信用，也可以为客户提供赊销信用；另一方面，生产企业和客户也可以为之提供赊销和赊购信用。这样，就可使农户、批发商和客户之间资金互相通融，连为一个整体，使社会上闲置的资金被充分利用起来，得到原来没有的经济效益。

⑤运输。一般情况下，农户为了减少销售费用的支出，往往都是采取就近销售的做法，市场的覆盖面相对较小。批发商的出现，使组织大规模的运输变为可能，农户的农副产品经过他们运往全国各地，从而扩大了农户的市场范围，也使得消费者可以消费到异地的产品，增加其购买的品种，扩大他们的选择范围。

⑥批发商能帮助农户促销。批发商比农户更贴近市场、更贴近消费者、更贴近需求，对所在的市场环境更熟悉，因而生产者可将一部分促销和服务职能转给批发商来完成。因为大多数的零售商直接接触的是批发商，所以，农户可以利用批发商对零售商的控制来实现对农副产品销售渠道的控制。批发商还可以代替农户和零售商的部分工作，比如批发商可以为农户的农副产品进行必要的初步分工、挑选、整理、分级、编配和包装

等活动，还可以为零售商进行批货处理，首先是大量购进，然后再分成小量卖给客户。

⑦承担风险。批发商是大批量地进货和大批量地储存商品，这就为生产企业和客户承担了许多市场风险，比如农副产品运输中出现的损伤、损耗风险，市场供求和价格变动带来的风险等。

其实，农副产品批发商的特点可以简单地归结为：拥有大量的货物，只大量地出售，不提供零售业务，出售的农副产品价格比市面上卖的要低。

由于批发商是商品销售的中间环节，要分享流通利润，有时农户和消费者为了减少中间商分享利润，都希望减少流通的中间环节。但对于时鲜农副产品来说，有时需要在短期内迅速销售完，这时又离不开批发商的营销。所以，如何发挥批发商在农副产品营销中的更大作用确实大有文章可做。

3. 批发商的分类

批发商可根据业务性质划分为独立的批发商、批发营业部或营业所。独立的批发商又可根据区域范围和业务性质分为综合批发商、专业批发商；地方批发商、区域批发商；产地批发商、销地批发商；城市批发商、乡镇批发商等。批发营业部或营业所也可分为进货营业部、销货营业部两种。批发商根据活动性质的不同，有不同的分类标准，除了以上提到的外还可以根据服务职能来划分，如可分为全面服务批发商、部分服务批发商和特殊批发商，以下着重说说这三种批发商。

①全面服务批发商。这种批发商是介于生产者和零售商之间，为双方提供全面服务的批发商。例如为产销双方提供农副产品收购、整理、分级、储存和送货等一系列服务，因此，全面服务批发商是农副产品批发商中最普遍的形式。

②部分服务批发商。即执行一部分服务职能的批发商，它购进的农副

产品是从产地批发商或农户那里购买来的，在市场上向批发商或农副产品加工者销售。特点是购进农副产品时不与农户发生直接联系，售出时也不与零售商发生直接联系，也就是人们常说的"二道贩子"。

③特殊批发商。其特殊之处就在于他们专做特殊商品的批发销售，由于这类商品很特殊，必须有特殊储存方法，采用特殊的广告宣传等方法来销售商品，以吸引购买者。

批发商营销的优点在于把农户与自己紧密地结合起来，他们之间的关系不仅仅是买卖的关系，更是一种合作伙伴的关系，这大大减少了产品供应风险，同时，根据订单种植也在很大程度上减少了农户的市场风险，使生产者获得较为丰厚的利益回报。

三、农副产品批发市场

关于农副产品批发市场，有两种不同的理解，一种是场所论，一种是组织论。场所论认为批发市场是农副产品经营者专门从事农副产品批量交易的场所，其批发的对象主要是企事业机构，而不是最终消费者。组织论则认为批发市场是一种流通中介组织，这一中介组织专门为农副产品批量交易的活动双方提供服务。

1. 农副产品批发市场的分类

为了更清晰地认识、了解批发市场，下面从不同考察角度，将特征、功能或服务相似的市场进行划分归类。

第一，根据发展阶段划分。

①初级批发市场。就是指交易方式较为传统，管理方式也比较落后，基础设施不齐全，经营环境较差的批发市场。它们大部分采用的是地摊式经营方式，交易可以在任何时间进行。参与交易的经营者绝大部分是农民或个体户，他们无须办理任何进入市场的手续，只向有关部门交纳一定的

市场管理费即可。这种批发市场内部组织化程度较低。

②中级批发市场。这类批发市场基础设施较为完善，市场配套较为齐全，但管理不够严密规范，缺乏完整的管理体系。一般中级批发市场具有以下的共同点：市场组织是成型的，不仅建有专门化的微观管理主体，而且参与市场的交易主体一般也是具有流通职能的企业和在比较规范、成型的交易场所从事批发交易的商人。政府部门可以通过对批发市场的管理来规范商品的交易行为。这类市场的组织结构虽不够完善，但与初级批发市场相比有了一定的规范性，而且也便于政府对市场进行监督和管理。

③高级批发市场。就是具有高度的组织性，采用现代交易方式，管理制度健全，拥有先进的通信设备和信息系统以及必要的仓储系统、严密的安全保卫措施及规范的运行规则，具有物资集散、形成价格、信息中心、产品质量检测、市场促销等功能且整体形象较好的批发市场。高级批发市场内买卖双方一般都是组织化程度较高的批发商、代理商和零售商等，进入市场交易一般需要经过一定的资格审查，只有符合特定资格要求的法人或企业才能准许进入市场。

为了方便农民朋友更好地了解这三种批发市场的区别和特点，现以表2-2来说明。

表 2-2 　　　　　　　　　　　　**三种批发市场对比表**

特征	初级批发市场	中级批发市场	高级批发市场
经营方式	以地摊式经营为主	以柜台式经营为主	以门店式经营为主
投资者理念	经营的重心放在收取租金上	对批发商的需求开始关注，能够被动地提供部分服务	重视对批发商的调研与开发，注重市场形象维护与宣传，主动向经营商户提供各种配套服务

特征	初级批发市场	中级批发市场	高级批发市场
投资者收益	租金是唯一的来源	以租金为主，加上有限的、被动的服务收益	租金和配套服务收益并举
市场的功能	交易为主	商品交易与信息交流	交易功能、信息功能、服务功能、展示功能、博览功能等
经营户的状况	散户，"游击队"经营	个体商户为主，有相应的固定场所	公司化经营为主，有相当的经营规模。管理正规化
竞争手段	价格是唯一竞争利器	价格和有限的售后服务	品牌与信誉，完整的售后服务

第二，根据所服务的地域特点划分。

根据地域特点来划分，一般可以分为产地型批发市场、集散地型批发市场和销地型批发市场，相关特征见表2-3。

表2-3　　　　　产地型、集散地型与销地型批发市场对比表

特征	产地型批发市场	集散地型批发市场	销地型批发市场
地理特征	特色产品主要产区	交通枢纽等集散中心	城市边缘或城市内部
交易主体	农户、生产商、合作经济组织和中间批发商	长途贩运者和产地、销地的批发商及代理商	长途贩运者、批发商、零售商和消费者
主要作用	向外输出、扩散、辐射	连接产地和销地	为周边消费者提供服务

第三，根据市场内经营的商品范围划分。

这可以分为综合批发市场和专业批发市场，前者是指市场内经营多种商品品种，各种商品品种关联不大的批发市场；后者是指专门经营一种商品及关联商品的批发市场。

第四，在我国，运行的农副产品批发市场主要有以下四种类型：

①政府开办的农副产品批发市场。其特点是国家是投资主体，交易量大，品种单一；进入市场参加交易的是国有企业；交易设施完善，环境也好；结算方式先进，既做现货交易，也做期货交易。

②自发形成的农副产品批发市场。这种市场是在城乡集贸市场的基础上发展起来的，如河北张家口农副产品批发市场。其特点是：投资的主体较为复杂，来自社会各个方面，包括国有企业、集体企业和个体企业等；交易的农副产品品种很多而且比较杂，交易时采用的是一对一谈判的方式；市场基础设施和服务设施简陋，交易环境差，一般只用现金结算。

③产地批发市场。它指的是在农副产品产地形成的批发市场，一般都具有土质、气候、光照、水源等良好条件，适于农产品生长，生产的区位优势和比较效益明显，产出的农产品不是靠当地市场消化，而是销往国内、国际市场。

④销地批发市场。它是指在农副产品销售地，农副产品营销组织将货物再经过批发环节，销往本地市场和零售商，以满足当地消费者的需求。

2. 农副产品批发市场的功能

①农副产品批发市场可以将各地的农副产品集中起来，在较短的时间内完成交易，并把农副产品分配到各地，有效地解决了农副产品小规模生产与大市场的对接，调动了广大农户的生产积极性。

②来自各地的农副产品同场竞争，同一种产品可以进行比较，按质论价，有利于反映商品价值和供求关系。

③调解市场供求的功能，实现农副产品的好销快销。

④信息集散的功能。农副产品批发市场实行企业化管理，市场的投资主体多元，市场的经营方针是为农副产品供应方提供优质服务及市场信息，尽可能地吸纳更多的农副产品进入市场。

四、跨国营销

近年来，全世界农副产品年贸易量不断增加，国际市场农副产品贸易额突破 500 亿美元，其中以番茄、食用菌、洋葱、大蒜等产品的增幅最为显著。人们的饮食结构也由温饱型向营养型再向保健型转变。发达国家都在大力提倡"素食主义"，农副产品具有其他任何食品都替代不了的保健作用，这也为我国的农副产品出口带来了巨大机遇。

1. 我国农副产品出口的优势

我国耕地面积为 20 亿亩左右，还具有丰富的劳动力资源，畜产品、水海产品和园艺产品等劳动密集型农副产品具有较强的出口潜力。从我国目前的经济发展阶段与结构特征来看，我国农副产品出口的优势主要包括：

①农业资源多样性。我国地跨亚热带和温带，气候条件和自然条件多种多样，能够生产各类农产品，满足世界市场多样化的食品需求。主要优势区有：中原和东北肉牛优势区，中原、内蒙古、河北、西北、西南肉羊优势区，东北、华北及京津沪奶牛优势区等。我国大部分地区在饲养畜禽、种植农副产品等方面均有比较优势。

②劳动力资源优势。我国是劳动力资源最丰富的国家，我国有 9 亿农民，随着农业现代化进程的加快，农村剩余劳动力将会进一步增加，能够在较长时期内为出口农副产品的生产、加工和服务提供低成本的劳动力供给，这些条件对发展劳动密集型的农副产品非常有利。

③市场区位优势。亚洲市场进口的农副产品占世界的 23%，日本、韩国、印尼、泰国等都是重要的农副产品进口国家和地区，由此可以看出亚

洲是世界农副产品贸易最重要，也是最具成长潜力的市场。由于运距短，运销便捷，我国对亚洲市场出口的水果、水产品、肉类等高价值农副产品具有显著的区位优势。

2. 我国农副产品出口的劣势

尽管我国农副产品出口存在着众多的优势，但劣势也不少：

①出口农副产品的质量安全管理有待加强。近年来我国农产品质量有所提高，大部分农产品出口企业已经拥有自己的生产基地，但是受到整体农业生产模式的影响，质量安全水平仍有待提高，质量卫生问题仍是制约我国农产品扩大出口的重要因素。

②国外技术壁垒将形成长期阻碍。发达国家不断提高进口农产品的技术标准，内容已经涉及生态环境、动物检疫、福利、知识产权等多个领域。由于我国农民素质普遍较低、环保意识差，农产品安全性问题比较突出，农药污染、工业"三废"污染、施肥不当污染等使农产品体内残留重金属、有害化合物严重超标。我国诸多农产品的技术标准都不能达到国际标准，技术壁垒成为我国农产品出口的长期阻碍。除此以外，国际市场农产品也在打价格战，一些国家为保护本国农民的利益会加强对我国的反倾销力度，这无疑会给粮食产品、水产品等的出口带来不利。

③农产品出口的政策支持体系尚未形成。发达国家不断提高进口农产品技术标准，致使我国农产品检测项目不断增加，增加了出口成本。此外我国的信贷门槛高，贷款困难，利率也高，农户往往难以承受。

④贸易促进机制不够完善。我国农产品进入国际市场的时间不长，参与经营的农产品品种不多，进入的市场领域不宽，缺乏国际营销经验。目前我国农产品出口急需加强信息咨询、交流培训和宣传推广等公共服务，出口营销渠道也有待拓展。

⑤农产品自身劣势直接影响农产品的国际竞争力。首先是生产规模小；其次是农民整体素质低，对农业生产的资金投入、技术应用、信息获

取与利用等形成严重制约，这使得家庭分散经营与国际统一大市场的矛盾更加突出；最后是我国农产品加工程度低，技术创新能力薄弱，缺乏品牌产品，导致我国农产品缺乏竞争优势。

3. 农副产品国际市场开发策略

①要弄清楚农副产品出口的法律要求和进口国的饮食习惯。出口的农副产品必须是进口国所允许的，比如《日本植物防疫法》明确规定，禁止从中国进口黄瓜、菜豆、豇豆、番茄、茄子、南瓜等农副产品，韩国则明令禁止从中国进口辣椒、番茄等农副产品。知道了这些法律要求，便于我们选择正确的出口农副产品，否则，费了好大工夫种植的农副产品，却是外国禁止进口的，白费力气。

②要控制农副产品的农药残留。我国政府对于出口的农副产品有严格的要求：一是要坚决制止使用高毒、高残留的农药；二是严格按规定控制农药的浓度和安全间隔期；三是实施标准化的水、肥管理技术；四是严禁在运输及储存中与农药混放而造成各种污染。因此，出口农副产品一定要严格把好农药关。

③实施正确的价格策略。这个包括三个部分，首先，对于不同用途的产品采用不同的价格策略。比如国外有人购进大量生姜进行榨汁，对于他来说自然是要求质优价廉了，而且他会把价廉作为第一考虑因素。作为生姜出口加工厂，这时就要采取质优廉价的策略。其次，不同的国际市场采用不同的价格。如出口欧洲地区的商品除了考虑必要的地区运杂费外，还应考虑合理的转销利润因素，如此部分利润无法达到要求，就不适用于出口。

④实施绿色营销，突破绿色壁垒。绿色壁垒已经成为我国农副产品出口的一大阻碍，绿色壁垒是指在国际贸易领域，一些发达国家凭借其科技优势，以保护环境和人类健康为目的，通过立法，制定繁杂的环保公约、法律、法规和标准、标志等对国外商品进行的准入限制。它属于一种新的

非关税壁垒形式，已经逐步成为国际贸易保护措施的重要组成部分。为了保护我国的权益，避免发达国家采用非关税手段的贸易壁垒，一方面，我们要及时了解国际上关于绿色壁垒的信息；另一方面，还要掌握发达国家的环境法规及其他环境指标的要求，合理利用WTO的有关规则，树立绿色环保观念，注意加强有关技术的研究和开发，积极发展绿色食品，采用绿色包装。

⑤建立农副产品标准化生产技术体系，提高农副产品质量。我国根据ISO14000标准，制定了高标准的检验检疫标准体系，以加强农业生产环境、生产过程、加工工艺和出口产品的检疫、检验工作，限制污染、破坏环境和不符合检疫标准的产品出口。出口企业一定要按照ISO14000标准组织生产及运输，保证农副产品符合无污染、安全、营养标准，提高企业形象和效益。

⑥调整农副产品产业结构。在扩大出口生产规模的同时，我们更要注意提高农副产品的质量。满足国内外市场对农副产品的广泛选择和越来越高的质量要求。在传统的保鲜出口和冷冻出口的基础上，积极增加调味调理食品等高科技含量的深加工产品，实现与国际市场的高点对接。

◎ 小知识

网络环境下农产品营销十大新模式

1. "农产品+直销店"营销模式

直销店解决的是产地到餐桌的问题，同时减少了中间渠道，降低产品单价，提高农产品与用户的互动程度。

"农产品+直销店"模式不是普通的农民能做到的，该模式需要政府或者农业龙头企业牵头。这是因为直营直销连锁店投入成本巨大，连锁管理也需要专门的人才。

2. "农产品+餐饮"营销模式

这种模式是把餐饮店、餐饮体验当做渠道或者平台，之后把农产品的体验、农产品消费、农产品互动嫁接在餐饮店里，从而破解农产品销售与推广困局。采用"农产品+餐饮"营销模式要在农产品的优、特上下工夫，同时在吃、玩、学上学会平衡。

3. "农产品+网红直播+电商平台"营销模式

互联网催生了很多的新型经济模式，网红经济便是其中的一种。这里的网红可以是名人明星，可以是当红网络女主播，也可以是卖家自己打造的"村红"。采用该种模式最好能在电商平台，如淘宝、京东上同步开展产品销售。

4. "农产品+微商"营销模式

此种模式就是农特微商。通过微信朋友圈发布自家的农产品信息，把农产品的生长情况拍成图片发布到微信群里，让用户第一时间了解农产品的情况。

5. "农产品+众筹"营销模式

通过众筹平台来卖农产品，已经成为新农户常用的手段。其中，"农产品+众筹"可以解决农产品的滞销及农产品传播等问题。

6. "农产品+可视农业"营销模式

"可视农业"主要是指依靠互联网、物联网、云计算、雷达技术及现代视频技术将农作物或牲畜生长过程的模式、手段和方法呈现在公众面前，让消费者放心购买优质产品，并方便他们在任何地方通过可视平台能观察到自己征订的蔬菜、水果和猪牛羊等的生产、管理全过程。

7. "农产品+社群"营销模式

"社群"指有相同标签、相同兴趣、相同爱好、相同需求属性的人自发或者有组织的群体组织。在农产品方面的社群有：樱桃爱好者、素食爱好者、减肥爱好者、苹果爱好者等，他们对农产品的需求相同。此种模式非常有利于精准推动农产品、生鲜产品的销售。

8. "农产品+网络直播"营销模式

网络直播的好处是亲眼所见，提高购买信心，让消费者参与互动，获得满足感，同时还能解决消费者对农产品的信任危机，有利于农产品的快速传播。

9. "农产品+互联网+认养农业"营销模式

"认养"即发起众人合伙认养一亩（种、头）农产品（植物、动物），一起享受认养的乐趣，共同获得优质产品。该模式透明性强，没有欺诈风险。

10. "农产品+电商"营销模式

"农产品+电商"的模式就是电商、互联网平台对农产品进行展示及推广，让更多人了解、知晓，并方便用户在线下单及购买。该模式需要农户能解决农产品的品牌化、标准化、信息化和订单化生产等问题，方便城市大客户的批量采购。

（来源：品牌策划网，引用时有删节）

第三章
农副产品交易常识

作为现代农户，仍抱着老式坐等生意上门的交易方式肯定不行，必须变"坐商"为"游商"，自己主动寻找市场。面临激烈的市场竞争，现代农户不但要掌握各种必备的交易知识，而且还要充分认识交易风险，谨防各类交易陷阱。

一、营销常识与基本技巧

市场经济的发展，进一步促进了销售队伍的壮大，这是商品经济繁荣、人民生活水平提高的标志，而发达的商品经济又进一步对营销人员素质提出了新要求。

1. 营销准备工作

（1）消除对营销工作的畏惧感。当你初次接触营销工作时，可能会有一种莫名的恐惧感。对于一个营销新手而言，产生这种畏惧感及对自己从事这项工作的能力的疑虑，实在是一种很正常的心理反应。在没有投身于营销工作之前，即便是学习过营销方面的许多指导性的理论知识，也会对工作实践中可能出现的种种问题心中没底，产生疑虑或畏惧心理也就不足为奇了。

当今世界许多优秀的营销员和企业家，均是在营销实践之中摸爬滚打干出来的。非常能干的营销行家，他们开始干营销的时候，无一例外的都是门外汉。当然，你可以让合作者或雇人来从事营销工作，但作为一个经营者，你终究还得涉足营销领域，必须懂得营销原理及基本的工作方法，只有这样才能促进你的事业向前发展。

（2）营销前的准备工作。在你决心出门推销之前，除了要打消畏惧心理之外，还必须准备好相关用品。

①自我介绍的身份证明，比如介绍信、工作证、名片或身份证等。

②切记要带上推销的产品样品（或者有关的资料），或者是服务项目的说明书；也不要忘记带上合同、价格表等资料及计算器。

③配备一个记事本，记下与客户洽谈业务的要点，以及其他备忘事宜。

④务必备足可能要花费的钱。

⑤要准备好香烟、打火机，以防客户是个吸烟者。

⑥在进入推销对象的单位或办公室（也许是家里）前，检查一下自己的衣冠是否整齐、干净。

⑦必须备有手帕，防止天气炎热时出汗而无物擦拭，给客户留下狼狈的印象。

（3）营销的技术准备工作。在前往某处开展推销之前，你必须对将要推销的产品十分熟悉，对客户可能提到的种种技术方面的问题有充分的应答准备。必须做到对客户有问必答，使客户透彻地了解产品的特点，从而达到销售的目的。

2. 营销基本技巧

从事产品的营销，应该掌握一些基本的技巧，以利于工作顺利开展，获取更佳的营销效果。

（1）初次营销的工作步骤。初次开展营销工作，一定要根据自己营销的产品（或服务）项目，找准适销的对象（单位或个人），最好是确定具体的单位或者某个人，不可盲目瞎撞。这样，你就可以用最快的速度找到营销对象，争取到较为充足的洽谈时间。

初次与客户接触时，应当礼貌地做自我介绍，说明自己的姓名、来自何处、前来洽谈的目的。同时，应向对方递上自己的名片或身份证明，若带有对方的熟人或朋友的介绍信件、字条，则在此时交给对方。当对方在洽谈室坐定之后，必须适时地向对方提供产品样品或说明书（或提供相关的业务资料）。此时，若对方在观看业务资料或样品，没有向你提出什么问题时就不要说话，以免干扰对方；若对方提出问题，则应言简意赅地回答有关问题。

初次与客户洽谈业务，对方表示拒绝时，切记不能面露不悦之色，应该说一些留有余地的话，比如"你们现在不需要……待今后需要时请与我联系，谢谢你的关照"或者"若你们研究之后，请告知结果"等，为以后的接触留下机会。

推销产品时，面对对方的冷遇，甚至是极不友好的态度，不必耿耿于怀。一个营销者应有宽大的胸襟和气度，在对方态度欠佳时，你应适时地告别，并保持友善的心态，为今后再次打交道留下余地。许多成功的营销，就是在失败之后获得的。

（2）让交谈气氛融洽的技巧。要知道大多数人对推销者是很反感的，往往不给推销者好脸色，一些推销者在和顾客见面后，往往急于进入营销状态，他们会迫不及待地向顾客介绍自己的产品，直接向顾客询问"要不要"、"买不买"，结果往往达不到目的。成功的营销员往往先谈客户感兴趣的话题，营造好的交谈气氛，然后再逐渐进入正题。

（3）初次营销应注意的几个问题。在向客户送名片或身份证明时，应自然地用双手递给对方，态度应谦逊。说话要注意声调，口齿要清楚，语言要流畅，声调要柔和；不可支支吾吾，词不达意，甚至给人猥琐的感觉。在与客户进行电话交谈时，要注意说话必须简洁，语气要诚恳，给对方留下好感。

初次营销工作失败，会使人产生不良的情绪，甚至心灰意冷。因此，一定要设法调节自己的心情，切不可沉溺于颓丧的情绪中不能自拔。聪明的营销员应该及时反思初次营销工作的全过程，总结经验教训，找出不足之处并努力克服。要及时调整自己的心态，以一种锲而不舍的精神，投入新的营销之战。

（4）语言技巧及迎合客户的技巧。营销工作离不开交谈，要想使客户接受自己的营销，就必须学会语言的技巧，也就是学会说话。为了能与客户建立一个友好的交流环境，切忌在客户面前老是唠叨自己如何如何有诚意，而应该了解对方当时的心理状态，多说些对方愿意听的话，投其所好，让他感到你的善解人意、为人诚恳。

当向客户推销产品时，对方往往有一种被人所求的优越感。这时，你必须迎合对方的这种心理，使其尽快暴露自己的想法，从而达到营销的目的。

面对不同的客户应采取不同的态度，以期与客户建立起友好的沟通环境。如面对一个话多的客户时，要耐心听对方讲话，并留心对方说话的内容，捕捉其中的商机，切记不可不耐烦地打断对方，要智慧地将对方的话题引到你的营销产品中，如此营销的成功率也相对高一些。面对一个急性子的营销对象时，切记不可兜圈子，应立即将话题转入正题，如果对方连珠炮似的向你发问，你一定要听清楚对方的问题，而后一一解答，但也可以不按对方的提问顺序作答，而是根据自己营销的需要，调整回答问题的次序。总之，对于性急的客户，你说话一定不可啰唆，要顺着对方的心理变化，适时改变自己的谈话内容和时间。

3. 产品介绍技巧

在推销的过程中，产品介绍必须根据客户的利益点来确定介绍重点。

（1）向经销商介绍产品。这时候要针对经销商关心的问题下手，经销商关心什么？他最关心的是产品的赢利能力与水平，所以在向经销商介绍产品时，应先简单介绍产品是干什么用的，主要的用户或者消费群体是哪些人。接下来就要介绍这些产品在流通过程中可获得的利润水平，再接着围绕流通环节的价差展开说明，最后再介绍相关售后服务、运销服务等。

（2）向消费者介绍产品。消费者和经销商不同，他们关心的是产品能给自己带来什么好处，因此向消费者推销产品时主要是设法识别客户的层次、素质、需求、喜好，并阐明产品能够满足这些需求。向消费者介绍产品的一般步骤为：先介绍某类产品的功能，再介绍该产品的特点，接着将该产品特点与消费者的利益点联系起来，最后解答一些礼品赠送、送货上门等增值问题。在向消费者介绍产品的时候，最难的是判断消费者的关注点和利益点。

二、农副产品营销策略

目前我国有40%的人居住在城镇中，随着城市化进程的快速推进，农副产品的消费需求也发生了很大的变化，传统的农副产品营销与消费需求和城市发展之间的矛盾日益显露和加深，农副产品营销也面临着新的机遇与挑战。

1. 农副产品营销应该遵循的原则

在农副产品的营销过程中应遵循的原则是"活"、"快"、"稳"三个基本原则。

首先，农副产品营销要"活"，就是农副产品营销必须根据外部环境因素的变化而灵活经营。"活"的内容是多方面的，主要包括营销策略、营销方式、营销手段和营销价格等。

（1）营销策略要"活"。农副产品营销策略是指为了增强竞争力，开拓和占有农副产品市场而采取的具体措施。农副产品生产经营者制定的农副产品营销策略是否科学、合理，主要是看其能否在竞争中增强市场的竞争能力。农副产品营销策略主要包括以下四种：

①优质策略。农副产品本身品种繁多，渠道复杂，营销过程中还要经过生产、采收、收购、加工、储运等诸多环节，所以，农副产品的品质差异是很大的。要占领市场，赢得顾客，在竞争中取胜，非常重要的一点就是产品过硬——质量好。

②应时策略。这是针对农副产品上市时间的竞争策略。俗话说，赶得早不如赶得巧。农副产品所具有的产销时效性直接影响着出售农副产品的质量和价格。因此，农副产品营销必须讲究应时策略，要特别重视农副产品经营过程中的及时收购和应时上市。只有这样，才能抢到好行情，保证产品价格竞争优势。

③薄利多销策略。这是针对农副产品市场竞争的策略。大部分农副产品是人们的生活必需品，消费量大，具有薄利多销的客观条件。因此，农副产品营销应当讲求薄利多销策略，适当采取薄利多销措施。只有这样，才能在农副产品市场的价格竞争中处于有利地位，从多销中获得利益。

④方便策略。这是农副产品营销服务竞争中的策略。农副产品是社会生产的初级产品，大多需要经过一次或多次加工才能消费，未加工和初加工的农副产品常常给消费者带来许多的不便。另外，随着人们生活的改善和生活节奏的加快，对农副产品加工制成品的需求量也越来越大。因此，农副产品营销应当讲求方便策略，即按照服务消费者、方便消费者的原则，向社会提供更多的便于消费的农副产品加工制成品。

（2）营销方式要"活"。营销方式要"活"是指农副产品的营销方式要灵活多样，方便购销，有利于提高农副产品经营的效率和效果。特别是随着人们生活水平的提高，农副产品市场需求呈多元化发展趋势，这就要求农副产品营销方式要灵活多样，以适应新的形势。农副产品生产经营要遵循"三多一少"的原则，即实行多种经济成分，多条流通渠道，多种经营方式和减少流通环节。因此，选择和确定农副产品营销方式的原则和依据是：有利于实现产销直接见面，密切产销关系；有利于减少流通环节，降低流通费用；有利于缩短流通渠道，加速农副产品流通。

（3）营销手段要"活"。营销手段要"活"是指要从不同的角度提高农副产品营销手段的科学性及现代化水平。首先，要提高农副产品生产经营者的素质。其次，要提高农副产品营销技能。营销技能是营销人员业务能力的表现。最后，要充分利用各种物质设施，这是农副产品营销的基本手段，是农副产品营销的重要因素和"硬件"。

（4）营销价格要"活"。营销价格要"活"指的是农副产品的价格要适应市场供求关系，具有灵活性。农副产品产销状况随时都可能发生变化，价格作为调节市场供求最重要和最灵活的杠杆，对调节产销状况具有重要作用。农副产品销售价格的灵活性表现为能够灵敏地反映市场供求的变化，这就要求农副产品营销必须根据市场情况及时调整购销价格，使农副产品价格随行就市，反映供求的实际情况，发挥其促进生产、引导消费和稳定市场的作用。

其次，农副产品营销要"快"，这主要是针对农副产品的流通时间而言。一种商品越是容易变质腐烂，生产出来越是要赶快出售，赶快消费。离开产地的距离越短，其空间流通领域就越狭窄，销售市场就越带有地方性质；反之，其离开产地的距离越远，其销售市场就越广。

农副产品的易腐、易变性极大地限制着它的流通时间和流通地域，这就要求在流通过程中滞留的时间越短越好。因此，农副产品营销必须突出一个"快"字，除了留足必要的储存以外，其余的都要尽快销售掉，而且是越快越好。因为越快越能以质取胜，降低流通风险。要做到"快"，客观上就要求在经营中做到多渠道、少环节。因此，农副产品一般应多采取有利于加速流通的产销直接见面的营销方式，要尽可能就地组织生产、就地收购、就地销售或通过快捷的运输手段运到异地进行销售，尽可能地减少营销环节和手续，尽可能地增设网点，多开发销售途径。

最后，农副产品营销要"稳"，这主要是针对农副产品市场供求状况而言的，要力求通过农副产品营销来保持农副产品市场产、供、销关系的平衡。市场供求关系的协调和稳定关系着国家经济的正常发展和社会稳定。由于农业生产具有分散性和周期长的特点，农副产品市场对农业生产的影响和指导作用很大。简单而言，上一年农副产品市场供求状况如何会明显地影响下一年的供求关系。例如，因为去年苹果价格高，种苹果的农民赚了钱，今年农民就可能会多种，结果是今年市场上苹果供过于求，导致价格下降，农民赔了钱。所以，农副产品营销在做到"活"和"快"的同时，还必须保持"稳"，避免大起大落。

事实上，由于农业生产的特殊性，作为衔接农副产品生产和消费的农副产品营销者要有预见性，要学会研究和分析市场变化并从中掌握规律，在充分了解市场信息的基础上做出正确的决策；此外，这也要求相关政府部门为农民提供相关的市场信息和政策方面的支持，发挥政府对市场的宏观调控作用。

2. 农副产品营销策略

到底采取何种营销方式，才能把农副产品更好地卖出去？在这里为广大农民朋友介绍几种农副产品销售策略。

（1）配送策略。城市在不断扩大，想要买安全营养的农副产品越来越不方便，因此很多家庭需要有专门的配送渠道。配送不仅仅是将所需要的农副产品直接送到消费者家中，而是还要建立一个消费管道，这个管道包括先进的电子商务、电话、店面等，各种因素互相配合，协调运行。

（2）品牌策略。也就是要有自己的品牌。使用品牌策略对企业有如下好处：有利于订单处理和对产品的跟踪；保护产品的某些独特特征不被竞争者模仿；为吸引忠诚顾客提供机会；有助于市场细分；有助于树立产品的企业形象。

（3）免费体验策略。把农副产品的优势与劣势完整呈现在消费者面前，通过对农副产品的观、闻、品、验等手段，让消费者明白什么样的农副产品富有营养，什么样的农副产品更适合自己，这种免费体验策略将大大拉近消费者的感官识别，从而培养消费者对产品的信任感，促进产品的就地消费。

（4）社区教育策略。社区教育是一种新的销售模式，一般是依靠社区的组织关系来进行农副产品的销售，通过与物业、居委会的联合，把社区教育与服务的关系建立起来，通过农副产品的桥梁作用，使消费者明白农副产品是怎么生产、加工、运输到消费者手中的，通过怎么样的质量检验来保证其品质。通过社区各种教育策略，与社区建立良好合作关系，有利于农副产品经营者开展产品直销。

（5）引导对比策略。销售农副产品最好的办法就是对比，就是将不同质量的农副产品放在一起，用不同的价格进行销售，以满足不同收入水平的消费者的差异化需要，并实现优质优价。引导对比策略是农副产品销售的重要环节，且不需要广告来扶持。

（6）单位合作推广策略。单位合作的优势很明显，农副产品需要走量才好，与单位的合作将起到很好的作用，比如建立单位配送网络，与单位采购机关搞好合作等。除此之外，饭店也是不错的单位合作伙伴。

（7）媒体网络广告策略。在网络上进行农副产品宣传将越来越流行，网络广告重点介绍农副产品的生产、销售过程，重点突出农副产品的营养价值，什么样的消费者适应消费什么样的农副产品，吃了后能对身体有什么改变等。这样的宣传在网上越流行，农副产品的知名度就越高，就越能与消费者相融合。必要的时候可以与电视与报纸传媒结合起来，加快农副产品的现代化营销步伐。

(8) 公众公益策略。农副产品走公益的策略也很重要，比如与体育结合，还有与会议、旅行等诸多公益活动的切入等。在这些活动中把农副产品切入进去，就能提高农副产品的知名度，农副产品的品牌建设也将上一个新台阶。

(9) 小范围团购策略。农副产品做团购优势很大，通过对农副产品的包装与贴牌，把简单的一种农副产品包装成消费时尚的礼品包装，尤其是新、奇农副产品等，就会增加团购的机会。小范围的团购可包括机关食堂、各办事机构等。由于我国节日特别多，所以节庆农副产品团购销售将异常火爆。

(10) 社区推广活动策略。社区推广活动历来是农副产品销售的好渠道，也是宣传的最好阵地。开展社区活动要贴近消费者的实际需求，活动要按照社区的特点进行安排。应长期不停地做活动，把社区当做产品宣传的一块阵地，效果会很好。

三、农副产品定价技巧

商战中的重要武器是价格，要想使自己经营的农副产品击败竞争对手，赢得客户，就需要掌握巧妙定价的诀窍。在农副产品营销工作中，定价是一项重要、困难、充满风险又必须做的工作。定价受三个方面的影响：一是补偿生产和经营产品中所消耗的费用，二是考虑消费者所能接受的程度，三是生产和经营者合适的经济回报。

1. 产品价格由哪几部分构成

(1) 固定成本。固定成本是指随产量或销量的变化而发生明显变化的成本支出，通常称为一般管理费用，包括机器、厂房、折旧、取暖、照明、保险费和管理人员工资等。固定成本在短期内是固定的，当然经过一定时期，固定成本也会发生变化，比如扩大或缩小生产规模等。

（2）变动成本。变动成本是指随产量或销量变化而发生直接变化的成本支出，具体包括原材料、外购半成品、工人工资、包装材料和销售费用等。总变动成本随产量变化而变化，而单位变动成本在短期内则是稳定的。

（3）总成本。总成本或全部成本是固定成本和变动成本的综合，经营者制定的价格应至少包括总成本。

（4）单位成本。单位成本也称平均成本，它等于单位固定成本加单位变动成本。从短期看，在一定范围内，随着产量的增加单位成本有下降趋势，因为虽然单位变动成本是稳定的，但单位固定成本是随着产量增加而下降的。如果产量增加到不合理的程度，单位成本反而可能上升，因为超负荷生产可能降低效率。

（5）边际成本。边际成本指增加一个单位产量后所增加的那部分成本，如一件产品增至两件，总成本由 296 元增至 316 元，边际成本就是 20 元。

（6）机会成本。一般来说，经营者所拥有的某种资源可以有多种用途。机会成本就是指将某种资源用于生产某种产品以后所放弃的该资源用于其他生产所可能取得的最大收益。也就是说，某一项资源用于一种产品的生产，也就是放弃了另一种产品的生产，这个代价就是机会成本。

2. 影响农产品价格的主要因素

农产品价格的形成由多种因素决定，既有经济方面的因素，也有自然方面的因素，还有政策、心理和政治等方面的因素。

（1）生产效率是决定价格的基本因素。农业劳动生产效率提高，农产品的价格就会下降；农业劳动生产效率下降，农产品的价格就上涨。农业劳动生产效率总是在不断地提高，在没有通货膨胀的情况下，农产品的价格具有下降的趋势。

（2）供求关系是决定价格的主要因素。农产品市场短期和现实的价格形成，供求关系是主要的直接因素，其他因素对价格形成的影响几乎都是通过供求关系发生作用的。一旦供大于求，农产品的价格将有较大的下跌趋势，而一旦求大于供，价格就会上升。

（3）农产品市场竞争对价格形成的影响。农产品市场竞争主要有三种情况：第一种，卖主之间的竞争。通常表现为几个卖主争夺一个买主，或多数卖主争夺少数买主。各个卖主为了争售农产品而竞相降价，促使价格下跌。第二种，买主之间的竞争。通常表现为几个买主争夺一个卖主，或多数买主争夺少数卖主。这种现象在农产品的拍卖市场上常常可以看到。第三种，卖主和买主之间的竞争。卖主有争高价的倾向，买主有争低价的趋势，都是为了自己的利益而展开"战争"。

（4）社会心理因素对农产品价格形成的影响。社会心理因素对农产品价格的影响相当复杂，从近几年的情况来看，主要表现在以下方面：

①逆反购销。在通货膨胀和农产品供求关系以及价格变动较大时，消费者和生产者往往会产生恐慌心理，出现逆反购销行为，即消费者与生产者逆价格变化而动的心理和行为。按照价格与农产品供求关系之间的变化规律，当农产品的价格上涨时，需求量就减少了，供给量增加了。逆反的心理和行为则反其道而行之，当农产品价格上涨的时候，消费者惧怕价格再上涨而过量购买，出现抢购现象，需求量增加了，导致供给量减少或没有。

②价值观念。消费者的价值观念对农产品价格的影响主要有两种情况：一是某种新的农产品如新的绿色食品上市之后，消费者对老的同类产品的价值观念会下降，并迫使其市场价格下降；二是某种原来被看成是高价的农产品，由于消费者收入的提高或者其他农产品价格的大幅度上涨，这种农产品的价格也会变得相对便宜些。消费者也因为价值观念的变动而愿意购买，并进而导致这种农产品的价格变动。

③期望价格。需求者和供给者一般都有一个农产品的价格期望值，消费者和生产者期望某种农产品的价格下降时，消费者会由于等待价格下跌少买或根本不买，农户则会害怕价格的下跌而抛售，从而导致价格的再次下跌。

3. 农产品定价策略

定价策略是市场营销组合中最活跃的因素，企业定价既要考虑消费者的承受能力，以利于促进销售，又要考虑企业的成本补偿，以保证获取利润。农产品定价策略是多种多样的，经营者要根据产品的特点和市场情况进行选择。

（1）低价策略。农产品市场扩大，需求量也就变大，市场上产品同质化严重，消费者自然希望价格下降。针对消费者的这种心理，经营者往往采取低价策略来吸引消费者，主要采用渗透定价方式，以量取胜，先抢占市场，以获得更高的市场占有率从而盈利。这种策略风险较大，即如果无法取得量的突破，则只能是赔本赚吆喝。

（2）高价策略。这种策略是当新产品进入市场后经营者有意识地把产品价格定得大大高于成本，使其能在短期内把开发新产品的投资和预定的利润迅速收回。这一策略的实施往往配合强大的宣传攻势，将产品快速推向市场，使消费者尽快地认识新产品，在短期内形成强烈的购买欲望。

（3）折扣定价策略。这种策略包括现金折扣、数量折扣和交易折扣。现金折扣就是消费者在购物时，如果买方用现金付款或者提前付款，就可以得到原定价格基础上一定的折扣优惠。数量（金额）折扣，即卖主为了鼓励消费者多购买，许诺达到一定数量（金额）时给予某种程度的折扣。交易折扣就是根据中间商在市场营销中的功能不同给予不同的折扣。一般来说，零售商获得的折扣较小，批发商获得的折扣较大。

（4）整数定价策略。就是把产品价格定在整数上，让消费者感觉产品高档、完整，从而产生一种购买需求。这种定价策略就是根据消费者自尊心的需要，对一些高级商品采取整数定价，因为这种定价能满足顾客的虚荣心，这些人都愿意花高价购买心爱的高档名牌产品。

（5）尾数定价策略。就是把产品的价格不定在整数上，让消费者感觉商品实在，产生购买欲望，如 5.98 元比标价 6.00 元更能吸引顾客。有的商品的定价还可以利用谐音来吸引顾客，如"5.18"就是"我要发"。

（6）分档定价策略。就是根据不同顾客、不同时间和不同场所，把一种商品分为几个档次，每一个档次定一个价格。分档定价可以使消费者感到商品档次高低的明显差别，适合不同的人群结构，为消费者选购提供了方便，有利于扩大销售。

农产品定价的程序一般为：第一，测定市场需求；第二，测算成本；第三，分析竞争者的产品和价格；第四，选择定价方法，确定最终价格。

4. 促销定价

贪图便宜是许多消费者的一种潜在心理状态，俗话"一个便宜三个爱"就是这种心理的真实写照。营销者通常会利用节假日和换季时节进行所谓的"大甩卖"、"优惠酬宾大减价"和"买一送一"等活动来吸引顾客购买。促销定价经常采用以下方法：

（1）牺牲品定价。超市和粮油副食商店经常以少数商品作为牺牲品，将其价格定低，以吸引顾客进店，并希望这些顾客在购买"牺牲品"的时候，也购买正常标价的商品。

（2）特定时间定价。销售者在某些特定的时间、场合、节日或社会活动日，将某些商品价格作较大幅度的削减，以吸引大量的顾客。如在中秋节，一些超市将月饼做特价销售。

（3）心理定价。就是企业在制定价格的时候，运用心理学的原理，根据不同类型消费者的购买心理来制定价格。如尾数定价等，上文已经提到过。

四、农副产品的包装策略

产品包装，是市场营销的一项基本要求。通过包装，可以减少产品因暴露在空气和阳光中而导致的质量下降问题，并且可以保护产品免受搬运造成的损坏。发达国家对于包装的材料要求非常严格，要求包装具有保鲜、保质、延长食品运输和货架寿命的作用，而我国的包装普遍简单粗糙，导致损耗成本大大增加，农副产品在包装方面的工作切不可忽视。

关于农副产品的包装，根据中华人民共和国国家标准 GB4122—1983 的规定，包装是指在流通过程中为了保护产品，方便储运，促进销售，按一定技术方法采用的容器、材料及辅助物品的总称；也指为了达到上述目的而采用容器、材料及辅助物品的过程中施加一定技术方法等的操作活动。

1. 包装的作用

（1）包装起着保护产品的作用。科学、卫生的包装，会减少或免于使农副产品受到天气、气温、外力挤压等不利因素的影响。现在很多农产品质量不过关，这也与不重视包装、不讲质量标准、包装意识淡薄有关。

（2）包装是流通环节中不可或缺的环节。有了包装，粮油等农副产品才能运输到各个销地去，方便陈列销售，也方便消费者携带和消费。因此包装是流通环节中不可或缺的环节，好的包装，会成为促进产品销量提升的翅膀。

（3）包装能大大提高产品竞争力。包装就是"无声推销员"，展示着产品的形象。在高层次的品牌竞争上，良好的包装是提升消费者购买欲望的利器。比如武大郎炊饼的包装，它采用精装硬壳，里面用糯米纸包着，很好地保存了原味，同时上面还有武大郎的人物形象，生动自然，让消费者一看就知道相关的故事，愿意购买并留个纪念。

（4）包装能提高产品的识别度，方便销售。包装上不仅可显示农副产品的名称、包装日期、生产基地，还可以附加农副产品质量安全识别条码等。

（5）包装能有效提高产品的附加值。缺乏包装的生产过程是不完整的，良好的包装能使产品增值。比如市面上的月饼，其实成分大都一样，但由于包装各不相同，精美包装的月饼的价格可达上千元，而普通包装的月饼不过上十元。现在人们常说买包装，这也从一个侧面说明包装的重要性。

2. 包装的要求

包装包括运输包装和销售包装。运输包装是为了保护商品，防止出现货损货差而进行的包装；销售包装是与产品相配套的包装，它有保护产品和促进销售的双重作用。恰到好处的包装可以显示产品的特色，具有促销功能。比如小包装的有机杂粮、有机大米，就深受都市消费者的欢迎；现磨豆浆全部采用环保无毒副作用的纸杯灌装，完全不同于街头豆浆那种塑料包装，因此它有着绝对的竞争优势。

产品运输包装的要求有五点：必须符合商品的特性；必须适应运输方式的要求；必须考虑国家的相关法律规定和客户的要求；要便于各流转环节人员进行操作；要在保证包装牢固的前提下节省费用。

运输包装按造型，可分为箱、袋、包、桶、捆等不同形状；按包装材料，可分为纸制包装、金属包装、木制包装、塑料包装，陶瓷包装等；按照包装质地，可分为软性包装、半软性包装和硬性包装；按照包装程度，可分为全部包装和局部包装。运输包装上面的标志可分为运输标志、指示性标志和警告标志三种。

总之，包装要美观大方，富有吸引力，并能突出产品的特性。文字说明要符合标准，要包括商品名称、品牌、数量、规格、成分构成、使用说明、生产日期、有效期、产地等内容。包装适度最好，过分包装会造成资源浪费，影响环境卫生，容易引起消费者的反感。

3. 包装的策略

在现代商品社会，包装对商品流通起着极其重要的作用，包装设计的一项重要任务就是更好地符合消费者的生理与心理需要，因此在产品包装上，应制定适当的策略。

（1）突出产品用途和使用方法。突出产品用途和使用方法的策略是通过包装的文字、图形及其组合告诉消费者，该产品是什么样的产品，有什么特别之处，在哪种场合使用，如何使用最佳，使用后的效果是什么。

（2）突出产品形象。突出产品形象是指在产品包装上通过多种表现方式突出该产品是什么，有什么功能，内部成分、结构如何等形象要素，这一策略着重于展示产品的直观形象，有助于商品充分地传达自身信息，给选购者以直观印象，真实可信，缩短消费者选择的过程。

（3）突出产品特殊要素。任何一种商品化的产品都有一定特殊背景，如历史背景、地理背景、人文习俗背景、神话传说或自然景观背景等，包装设计中恰如其分地运用这些特殊要素，就能有效地区分同类产品，同时使消费者将产品与背景进行有效结合，迅速建立相关概念，刺激销售。

（4）展示企业整体形象。企业形象对产品营销具有四两拨千斤的作用，因此，很多企业在产品经营之初就注重企业形象的展示与美誉的积淀。

4. 农副产品的绿色包装

随着低碳生活的流行，绿色包装也成为时尚，对于主要用于食用的农副产品来说，其对包装物的要求就更高。绿色包装设计作为一种新的设计思想与方法，已经引起了世界各国的广泛认可和重视，它将促使我国包装产业更好、更快地向人性化设计方向发展。

长期以来，人们对包装设计的认识和实践是以市场需求和商品促销为基础的，其设计创意的定位重点放在商品和销售两个领域考虑，在整个设计过程中很少涉及环境问题。自 20 世纪 90 年代以来，环境的挑战使人们在包装设计的过程中做出适当的反应，很多包装企业和设计企业已经贯彻环保思想。

绿色包装设计不仅仅是一门艺术学科，更主要的是一门工程学科，因此要强化包装工程思想，在设计、生产、运输、回收阶段贯彻相关环境保护措施。

①设计阶段。充分掌握市场调查、素材信息，提出绿色包装设计方案，其中主要包括：立意构思，确定设计参数，如包装物品的体量及计量值，预备容量或允许偏差参数；选择包装材料应做到无毒无害，可回收及再生利用，可降解，高性能的合成材料及原生自然材料的选用都要考虑相关的环境因素；设计表现，包括形态、结构的造型样式，图形、文字、色彩等要符合绿色产品的审美需要，严忌视觉污染。

②生产阶段。要充分考虑如何改善制造工艺减少环境污染，目前的研究成果表明，每计量单位内的环境负荷与工艺处理的时间成正比，成功的

设计策略就是要尽量缩短工艺处理时间。

③运输阶段。要根据商品在运输过程中的破坏隐患考虑不同商品的属性、特点、用途和运输方式，减少对能量的损耗，同时考虑如何减少产品包装对环境的负荷。

④消费阶段。主要考虑使用者如何节省能源、减少污染、方便维护及延长相关包装用品的使用寿命。

⑤回收阶段。一是在设计时要考虑包装产品如何方便回收，并通过结构、材料的设计，预置使用后的拆卸和分类。二是考虑包装材料如何方便地再生利用，因为从混合物中提取纯物是困难的，有些物质的混合无法分离，所以在设计中必须考虑材料的绿色合理配置。

五、如何向银行申请创业贷款

广大的农副产品经营者在扩大种植面积，或者欲从事农副产品深加工时，如果手头资金不够，则自然会想到向银行贷款，以扩大再生产。现在向银行贷款是一件挺平常的事，只要你符合贷款相关条件，银行其实是乐意向你放贷的。

创业贷款是银行贷款业务的一种，主要面向的对象是具有一定生产经营能力或者正在从事生产经营活动的个人，因创业或再创业提出资金需求申请，经银行认可并经担保后而发放的一项贷款。

符合条件的贷款人，根据个人状况和偿还能力，可以获得相应的贷款支持；对创业达到一定规模的，还可提出更高额度的贷款申请。创业贷款的期限一般为一年，最长不超过三年。另外，为了支持农民工、下岗职工创业，部分地区还有一些相关政策给予支持，例如利率下调，下岗失业人员创业贷款还可享受60%的政府贴息等。随着国家对个人创业的支持，创业贷款在未来会得到更多的优惠政策。

1. 申请创业贷款的基本条件

（1）身份及营业场所证明。贷款申请人必须具备合法有效的身份证明和在贷款行所在地合法居住的证明，以及固定的住所或营业场所。固定住所的证明可以是房产证（父母名字的房产证也可），营业场所的证明应该持有工商行政管理机关核发的营业执照及相关行业的经营许可证，说明正在从事的正常的生产经营活动。

（2）资金证明。贷款申请人的投资项目要求已经有一定的自有资金，这是银行衡量是否借贷的一个重要条件，因为创业贷款金额要求一般最高不超过贷款人正常生产经营活动所需的流动资金，以及购置（安装或修理）小型设备及特许连锁经营所需资金总额的70%。

（3）贷款担保。贷款申请人需要提供一定的担保，包括房产抵押、存单质押以及第三方担保三种形式，另外应尽可能提供一些自己的信用状况、还款能力以及贷款投资方面的信息给银行，这样会增加贷款诚信度，以便于顺利地获得贷款。

（4）结算账户。贷款申请人必须在所贷款银行开立结算账户，营业收入要经过银行结算，而且贷款用途要符合国家有关法律和该行信贷政策的规定，不允许用于其他投机性投资。

2. 申请创业贷款注意事项

（1）要正确认识创业。如果创业者仅仅有了一个创业计划，而具体的经营场所、审批文件都不具备的话，银行是不会提供创业贷款的。还有一些属于个人消费类的贷款应该和创业贷款要分清，这样的贷款银行一般也不予支持。

（2）银行利率变化要了解。因为按照金融监管部门的规定，各家银行发放商业贷款时可以在一定范围内上浮或下调贷款利率，比如许多地方银行的贷款利率可以上浮30%。相对来说，国有商业银行的贷款利率要低一些，但手续要求比较严格。如果你的贷款手续完备，可以对各银行的贷款利率以及其他额外收费情况进行比较，从中选择一家成本低的银行前去办理。

（3）合理选择贷款期限。银行贷款一般分为短期贷款和中长期贷款，贷款期限越长利率越高。如果创业者资金使用需求的时间不是太长，应尽量选择短期贷款，比如原打算办理两年期贷款可以一年一贷，这样可以节省利息支出。

（4）创业融资也要关注利率的走势情况。如果利率趋势走高，应抢在加息之前办理贷款，这样可以在当年度内享受加息前的低利率；如果利率走势趋降，在资金需求不急的情况下则应暂缓办理贷款，等降息后再适时办理。

3. 哪些银行提供创业贷款

目前，我国工商银行、农业银行、交通银行、上海浦东发展银行、中信实业银行等都已推出了个人创业贷款业务，比如农业银行推出的个人创业贷款，是针对个体工商户、个人独资企业投资人和个人合伙企业合伙人等具有完全民事行为能力的自然人这一特定主体发放的，集中用于其创业和经营，以购买或租赁店铺、购买机械设备、购置原材料等。下面简单介绍其中四家提供个人创业贷款银行的详细业务。

（1）工商银行创业贷款业务。工商银行对贷款业务历来处理得比较严格，个人如果没有比较全面的申请材料，则很难通过认可。

（2）交通银行创业贷款业务。交通银行的创业贷款业务相比其他银行要容易些，利率也较低一些。

（3）深圳发展银行"创业宝"个人展业贷款。"创业宝"个人展业贷款是深圳发展银行向个人发放的，用于贷款人从事生产和经营活动所需要的人民币贷款。

贷款期限：一般不超过三年，其中流动资金贷款最长不超过一年。

贷款利率：贷款利率参照深圳发展银行同期同档次流动资金贷款利率

适当上浮，浮动范围按照中国人民银行有关中小企业利率浮动规定执行。

贷款金额：贷款最低金额为 2 万元，最高不超过 800 万元。

（4）中国银行个人投资经营贷款。贷款条件：贷款人申请个人投资经营贷款除必须具备产品有市场、经营有效益、还贷有保障等基本条件外，同时还必须具备以下条件：具有城镇常住户口或有效居留身份证件；无不良社会信用记录，信用良好；在中国银行开立一般存款账户；经营产品市场前景好、经济效益佳；经营状况、财务状况良好；能够提供贷款人认可的有效担保。

贷款额度：贷款起点为 3 万元人民币，最高金额不超过 1000 万元人民币。

贷款期限：最长不超过三年。

贷款利率：执行中国人民银行同档次期限利率，适当上浮。

4. 申请创业贷款的程序

申请创业贷款的一般程序为：

（1）准备材料。这些材料包括身份证明、婚姻状况证明、个人或家庭收入及财产状况等还款能力证明文件；贷款用途中的相关协议、合同；担保材料，涉及抵押品或质押品的权属凭证和清单，银行认可的评估部门出具的抵押物估价报告。

需要说明的是，抵押方式较多，可以是动产、不动产抵押，定期存单质押，有价证券质押以及流通性较强的动产质押等。

（2）填写申请。申请人持开业计划书（或贷款项目书）向贷款担保推荐机构或开业专家提出论证要求，经论证通过者可申领开业贷款申请书。

（3）获得推荐。推荐机构组织开业指导专家或有关人员对申请项目论证后，对符合开业贷款要求的，在开业贷款申请书的推荐意见栏签署推荐意见；对不符合要求的，应对申请人提出相关意见，退回申请人所提供的有关材料。

（4）身份确认。申请人到户籍所在地街道就业服务机构取得身份确认并在开业贷款申请书的身份确认栏签章。

（5）银行受理。申请人持已签署推荐意见和身份确认意见的开业贷款申请书，到指定银行的受理点提出贷款申请，并提供有关材料。

（6）贷款审核。银行从受理之日起十日内做出贷款审核意见，并在开业贷款申请书的银行审核意见栏填写意见，报送开业指导服务中心。如不同意贷款的，应及时通知申请人，并提出相关意见。

（7）办理贷款。受理银行获得贷款担保意见后，即可在五个工作日内按银行信贷规章制度要求，办理贷款人的个人（或单位）担保手续和贷款手续。

5. 创业贷款的偿还

个人创业贷款一般有两种偿还方式：一种是贷款期限在一年（含一年）以内的贷款，实行到期一次性还本付息的方式，利随本清；另一种是贷款期限在一年以上的贷款，贷款本息偿还方式可采用等额本息还款法或等额本金还款法，也可按双方商定的其他方式偿还。

（1）等额本息还款。等额本息还款方式是指在还款期内，每月偿还同等数额的贷款（包括本金和利息），这样由于每月的还款额固定，可以有计划地控制经营的收入与支出，也便于经营户根据自己的收入情况确定还贷能力。

（2）等额本金还款。等额本金还款方式是将本金每月等额偿还，然后根据剩余本金计算利息。初期由于本金较多，将支付较多的利息，从而使还款额在初期较多，而在随后的时间里每月递减。这种方式比较适合还款能力较强、具备一定资金实力的个人创业者。

6. 如何提高创业贷款申请成功率

申请创业贷款难在哪里？

首先，一般银行的创业贷款都要求有抵押，贷款的发放额度根据具体担保方式决定。银行毕竟是商业机构，发放贷款首先考虑的还是资金的安全，而相比之下大多数创业者没有担保或担保不足，金融机构无法向其发放贷款，由此双方形成了一个非常尴尬的局面。

其次，如果没有房产等不动产作为抵押，则银行一般会要求必须有担保人，这一点令很多创业者望而却步。毕竟创业贷款这项业务本身具有一定的风险性，因此即使找到符合条件的担保人，他也不一定愿意提供担保，这无疑是创业贷款的又一个难点。

如何增加申请成功率？

首先，选择发展前景良好的行业。农副产品经营者可考虑养殖效益高、养殖风险小的养殖项目，或开办那些投资小、经营项目属于国家鼓励发展的农产品加工行业，这样较容易获得银行的贷款支持。

其次，借用信贷优待对象。银行普遍青睐律师、医生、公务员、事业单位员工以及金融行业人员，这类人被列为信用贷款的优待对象，如果有这样的亲属，以他的名义办理贷款，也较易通过银行的审批。

最后，找专业的担保公司。如果确实急需资金又缺乏符合银行要求的抵押物，可考虑找专业的担保公司。不过，这要交给担保公司一笔不菲的费用，按照有关规定，担保机构要向贷款者收取不超过同期银行贷款利息50%的费用，有的公司还会收取其他名目的一些风险补偿金。因此，农副产品经营户如果决定找它们提供担保，就要考虑经营风险问题。

六、如何签订农副产品销售合同

当农副产品营销洽谈获得成功后，接下来一个重要的环节，就是签订农副产品营销合同或买卖合同了。农户一定要了解农副产品合同的签订问题，因为在双方真实意愿的情景下所签订的合同受法律保护。千万别让别人利用你不懂合同的弱点，钻了法律的空子，导致自己损失惨重。

1. 农副产品的买卖合同

什么是买卖合同？买卖合同是指出卖人将标的（标的是指合同当事人双方权利、义务所指向的对象。例如，签订销售哈密瓜合同，哈密瓜就是标的，合同的标的可以是物品，也可以是行为或智力成果）的所有权转移给买卖人，买卖人支付价款的合同。农副产品买卖合同的基本内容包括：

（1）产品名称、品种及规格型号。产品名称要按产品目录规定正确填写，不能用习惯名称或者自己命名。凡使用品牌、商标的产品应注明品牌或商标及生产厂家，同时要把品种、型号、规格、等级、花色等写清楚。产品的名称不要用方言、俗语、习惯名称，以免双方在履行过程中出现纠纷。

（2）产品的技术标准及质量。产品的技术标准是合同中对产品的质量要求。根据技术标准，卖方安排产品的生产，买方在接受产品时对产品进行验收，在发生纠纷时判定产品质量的责任归属。因此，必须在合同中把产品的技术标准明确下来，有国家标准的按国家标准执行，无国家标准的按双方约定的标准执行。

合同中要明确规定卖方对产品质量负责的条件和期限。对成套产品，在合同中应明确规定附件的质量要求。对某些必须安装运转后才能发现内在质量缺陷的产品，除国家管理部门规定外，合同中应具体规定提出质量异议的条件和时间。实行抽样检验质量的产品，合同中应注明采用的抽样标准或抽检方法和比例。有些产品在商定技术条件后需要封存样品的，应由当事人双方分别封存，分别保管，作为检验依据。

（3）产品的数量和计量方法。产品数量是卖方应当转让给买方的产品总量，产品的数量是买卖合同中最基本、最核心的内容，没有产品的数量就无法进行交易。数量条款应包括计量方法、计量单位、正负差、自然增减量等。

（4）产品包装标准和包装物的供应与回收。产品包装标准是由国家相关部门对产品包装的类型、规格、容量、印刷标志以及产品的存放、衬垫、封袋方法等统一规定的技术标准。为了保证货物运输安全，产品的包装应按国家标准或专业标准执行；没有国家标准或专业标准的，可按双方商定的标准并在合同中具体写明。

产品的包装物，除国家规定由需方供应的以外，应由供方供应。可多次使用的包装物，应按包装物回收办法执行。产品的包装费用，除国家另有规定的外，没有规定的，应在合同中写明由哪方承担。如果买方有特殊要求的，双方应当在合同中商定。

（5）产品运输与交接及交货期限。产品的运输方式一般由需方提出，供方代为办理发运，运费由需方承担。供需双方通过协商合理选用运输方式、运输路线和运输工具，总的要求是总运费低、运速快、货物安全到达。如果由于供方的原因，选择了不合理的运输路线和运输工具，那么由此给需方造成的损失，应由供方负责赔偿。送货、代运费确有困难或者需方要求自提的产品，经供需双方商定，可以由需方自提。送货或代运的产品规定的交货日期，以供方发运产品时承运部门签发的戳记日期为准，当事人有约定的，从其约定。

（6）产品价格与货款的结算。产品价格属于国家定价的，应纳入国家定价执行，不属于国家定价的，或因对产品有特殊的技术要求需要提高或降低的，按甲乙双方的商定价格执行。

合同中要明确规定结算的方式和结算期限。产品的货款、实际支付的运杂费和其他费用的结算方式应当在合同中确定。结算方式主要有托收承付、银行汇票和商业汇票三种，用托收承付方式结算的，合同中应当注明验单付款或验货付款，验货付款的承付期一般为十天，从运输部门向收货单位发出提货通知的次日起算。凡收、付双方在合同中商定缩短或延长验货期限的，应当在托收凭证上写明。

产品货款的结算期限在合同中也应有明确规定。产品货款结算的早晚不仅涉及利息问题，而且对卖方尽快实现自己的经济利益有着重要影响。产品货款的结算地点、账户名称和账号等也要在合同中明确规定。

（7）产品的验收与产品提出异议的时间和办法。为了保证合同标的的质量达到规定标准，必须进行产品的验收，无论是验收的方法、验收的时间、验收的地点还是验收费用的负担，都要在合同中明确约定。

需方在验收中，如果发现产品质量不符合合同规定，应妥为保管并向供方提出书面异议。在书面异议中，应说明合同号、运单号、车或船只、发货和到货日期，说明不符合规定产品的名称、型号、规格、商标等，以及检验方法、检验情况和检验证明，对不符合规定的产品提出具体处理意见，以及当事人双方商定的必须说明的事项。

（8）违约责任、解决合同纠纷的方式及其他条款。买卖双方在订立买卖合同时应明确规定违约责任，这有利于督促双方认真地履行合同。一旦发生纠纷，也便于分清责任，尽快解决纠纷。

对于如何解决合同纠纷的方式，双方在订立合同时应当写明，合同纠纷处理方法大致有四种：双方友好协商解决；请双方共同信任的第三方调解；申请仲裁机关仲裁；向法院起诉请求判决。（买卖合同样式参见本章附录一《农副产品买卖合同》）

2. 农副产品的营销合同

营销合同是指在经济活动中，当事人为了一定的经济目的，按照政策、法律要求，通过协商，明确各自的权利和义务而达成的协议。营销合同一旦签订就具有了法律约束力，当事人双方都必须履行合同的各项规定。根据业务关系划分，农副产品营销合同有以下形式：

（1）买卖结合合同。该合同就是农副产品收购单位和农户签订的既收购农户生产的农副产品，又供给生产资料和日用工业品的合同。

（2）农副产品预购合同。该合同就是农副产品收购单位通过预付定金的方法与农民签订的收购农副产品的合同。农民按照合同规定的数量、品种、质量及交货时间和地点，把农副产品卖给收购单位，收购单位从应支付的收购款中扣除先前支付的定金。

（3）农副产品议购合同。该合同就是农副产品收购单位与农副产品经营者根据生产情况和市场需求，协商签订的合同。

（4）农副产品派购合同。该合同就是指对较重要的农产品，国家指定的收购单位在农户播种前，根据国家法律法令对农户分派交售业务时签订的合同。合同中规定了农户应交的农副产品品种、数量、质量、交货时间、地点以及货款的支付方式等。

农副产品营销合同的特点为：政策性强，季节性强，具有不稳定性。

在农副产品营销合同执行中，当事人双方要及时根据客观情况进行协商和调整合同，以避免意外损失和发生纠纷。

3. 农副产品营销合同应该具备的内容

签订好农副产品营销合同至关重要。在签订合同中，一定要注意内容的完整性，其主要条款应该具备以下内容：

第一，当事人的姓名和住所。姓名和住所必须要和居民身份证和户口登记簿上的信息一一对应。法人或其他经济组织的住所是指在登记机关登记的主要办事机构所在地。

第二，标的质量和数量。标的数量计量单位和计量方法应在合同中明确、具体地说明。计量单位、计量方法和质量标准要按国家或主管部门规定的标准执行。没有规定的按双方商定标准执行，或按样品标准执行。

第三，价款或报酬。价款或报酬是一方当事人履行义务时另一方当事人以货币形式支付的代价。价款或报酬是有偿合同的主要条款，而无偿合同，如赠予合同，则没有价款或报酬内容。

第四，履行期限、地点和方式。合同中的履行期限要明确、具体，超过履行期限要承担违约责任。合同履行地点就是指当事人在什么地方交付标的或提取标的。履行地点是判定合同是否已经得以履行的一个标准，必须写得详细、具体。

第五，违约责任。违约责任是指由当事人一方或双方的过错，造成合同不能履行或不能完全履行，过错方所必须承担的经济责任。一般情况是由违约方按照合同约定向对方支付违约金或赔偿金。

第六，解决争议的方法。这个主要是指当事人如果在合同的履行过程中发生争议，通过什么途径解决这个争议。一般包括协商、调解、仲裁或诉讼。合同签订后，要经过有关部门的公证和鉴定，以保证合同的合法性和可行性，使合同具有法律和行政监督两重功用。

4. 签订农副产品营销合同应注意的事项

首先，注意农副产品营销合同中的产品质量。产品质量有国家标准或专业标准的，按国家或专业标准签订；没有国家或专业标准的，按地区标准签订；以上说的标准都没有的，就要按照当事人双方协商的标准来确定。

其次，农副产品营销合同中的标的要明确具体，尽量采用通用名称；供方不得自行变更产品的品种、规格，如需变更则要与当事人商量，还要以书面资料为准。

再次，农副产品营销合同中的产品计量单位和计算方法必须符合统一规定，概念一定要清楚。任何人都不能擅自更改供货数量，需要更改时必须经过双方当事人的协商，协商一致后还要加盖变更核对章。

最后，还要注意农副产品营销合同中各种产品运输的时间和地点。产品运输到达的地点一定要认真填写。（营销合同样式参见本章附录二《农副产品营销合同》）

5. 农副产品营销合同纠纷的处理方法

处理农副产品营销合同纠纷的方法主要有四种：协商、调解、仲裁和诉讼。

（1）协商。它即合同当事人通过协商自行解决纠纷的一种方法。在发生合同纠纷后，当事人双方应该本着有利于双方协作的原则，相互之间主动让步，达成和解。这种方法可以使纠纷及时得到解决，有利于当事人今后经济关系的发展。

（2）调解。它即合同管理部门根据合同当事人的申请，在查清事实、分清是非的基础上，对合同当事人双方进行劝说，以取得当事人双方的互相谅解，并自动达成协议。这种方法可防止矛盾的扩大。

（3）仲裁。当双方当事人不愿意调解时，就可以选择仲裁的方法。仲裁指由合同仲裁机关，对所产生的合同纠纷，依据法律做出有约束力的裁决，以解决双方存在的合同纠纷。我国的合同仲裁机关是国家市场监督管理总局和地方各级工商行政部门设立的经济仲裁委员会。采用这种方法的特点是：办案快、程序简便、费用低等。

（4）诉讼。如果不接受仲裁，任何一方当事人都可以向我国人民法院起诉，直接请求人民法院给予法律上的保护。

◎ 附录一

农副产品买卖合同

甲方（购方）：_____

地址：_____ 邮编：_____ 电话：_____

法定代表人：_____ 职务：_____

乙方（供方）：_____

地址：_____ 邮编：_____ 电话：_____

法定代表人：_____ 职务：_____

为了促进农副产品生产的发展，沟通城乡流通渠道，为城镇人民和对外贸易提供丰富的农副产品，经甲、乙双方充分协商，特订立本合同，以便双方共同遵守。

第一条 交售日期、数量及价格

1. 乙方必须在_____年_____月以前，向甲方交售_____斤（担）。

2. 甲方应按照物价主管部门规定的价格（国家允许议价的，价格由甲、乙双方协商议定），向乙方计付货款。

3. 甲、乙双方的任何一方如需提前或延期交货与提货，均应事先通知对方，达成协议后按协议执行。

第二条 品种、等级、质量及包装

1. _____的品种、等级和质量，按下列第（　）项执行：

（1）按国家标准执行；

（2）按部颁标准执行；

（3）按地区标准执行；

（4）由甲、乙双方协商确定。

2. _____的包装，按下列第（　）项办理：

（1）按国家或部门规定的办法执行；

（2）由甲、乙双方协商包装办法。

包装物由乙（甲）方供应，包装物的回收办法另订附件。

第三条 交（提）货方式

1. 交（提）货方式按下列第（　）项办理：

（1）送货，乙方应按合同规定的时间送往_____（接收地点），交货日期以发运时运输部门的戳记为准；

（2）提货，乙方应按合同规定的时间通知甲方提货，以发出通知之日作为通知提货时间；

（3）代运，乙方应按甲方的要求，选择合理的运输路线和运输工具，向运输部门提报运输计划，办理托运手续。交货日期以发运时运输部门的戳记为准。

第四条　_____的验收地点

实行乙方送货或乙方委托运输部门代运的，以接收地点为验收地点；实行甲方提货的，以提货地点为验收地点。

第五条　验收办法

（合同应明确规定：①验收期限；②验收手续；③验收标准；④由谁负责验收；⑤在验收中对产品质量发生争议，应按国家的相关规定，交质量监督检验机构裁决。）

第六条　货款结算办法

乙方交售的_____经验收合格后，甲方应在_____天之内，通过银行转账（或按银行的规定以现金）向乙方支付货款。

第七条　乙方的违约责任

1. 乙方交货数量少于合同的规定而甲方仍然需要的，以及供方逾期交货而甲方仍需要的，应照数补交，乙方并应比照人民银行有关延期付款的规定，按逾期交货部分货款总值计算，向甲方偿付逾期交货的违约金；乙方超过规定期限不能交货的，应偿付甲方不能交货部分货款总值_____%（1%～20%）的违约金；因逾期交货，甲方不再需要的，由乙方自行处理，并向甲方偿付该部分货款总值_____%（1%～20%）的违约金。

2. 乙方如因违约自销或因套取超购加价款而不履行合同时，应向甲方偿付不履行合同部分货款总值_____%（5%～25%）的违约金，并退回套取的加价款和奖售、换购的物资；乙方违约自销多得的收入，由工商行政管理部门没收上交国家财政。

3. 乙方在交售_____中掺杂使假、以次充好的，甲方有权拒收，乙方同时应向甲方偿付该批货款总值_____%（5%～25%）的违约金。乙方交售的鲜活产品如有污染或疾病的，甲方有权拒收，并可按国家有关规定处理。

4. 乙方的包装不符合规定，发货前需返修或重新包装的，应负责返修或重新包装，并承担因此而支付的费用。发货后因包装不善给甲方造成损失的，应赔偿其实际损失。乙方由于返修或重新包装而造成逾期交货的，按逾期交货处理。

5. 甲方按乙方通知的时间、地点提货而未提到的，乙方应负逾期交货的全部损失。

6. 因数量、质量、包装或交货期限不符合合同规定而被拒收的产品，甲方应代供方保管。在代保管期间，乙方应负责支付实际开支的一切费用，并承担非因保管、保养不善所造成的损失。

7. 甲方根据乙方的要求预付定金的，供方在不履行或不完全履行合同时，应加倍偿还。

8. 实行送货或代运的，乙方错发到货地点或接货单位（人）时，应按合同规定重新发货或将错发的货物送到合同规定的地点、接货单位（人），并承担因此多付的运杂费及其他费用；造成逾期交货的，还应偿付逾期交货的违约金。乙方未征得甲方同意，擅自改变合同规定的运输路线或运输工具的，应承担因此多支付的费用。

9. 乙方在接到甲方验收产品提出的书面异议后，应在 15 日内做出处理，如乙方未按时处理，可视为默认。

第八条 甲方的违约责任

1. 甲方在合同执行中退货的，应偿付乙方退货部分货款总值_____%（5%～25%）的违约金。因此造成乙方损失的，还应根据实际情况赔偿其损失。

2. 甲方无故拒收送货或代运的产品，应向乙方偿付被拒收货款总值_____%（5%～25%）的违约金，并承担因此而造成的损失。

3. 按合同规定提货的产品，乙方通知提货而逾期提货的，除比照银行有关延期付款的规定，按逾期提货（收购）部分货款总值计算偿付违约金以外，还应承担乙方在此期间所支付的保管费或保养费，并承担因此而造成的其他实际损失。

4. 甲方未按合同规定的期限付款的，应按银行有关延期付款的规定，向乙方承担违约责任，并承担甲方因此而支付的实际费用。

5. 甲方未按合同规定提供包装物的，乙方交货日期得顺延，甲方并应向乙方偿付延期付款的违约金。因此造成乙方损失的，甲方还应根据实际情况赔偿其损失。

6. 甲方如向乙方预付定金的，在不履行或不完全履行预购合同时，无权收回未履行部分的预付定金。

7. 甲方必须承担因错填或临时改变到货地点而多产生的一切费用。

8. 甲方在合同规定的验收期限内，未进行验收或验收后未在规定期限内提出异议，视为默认。

9. 在合同规定的验收期限内，未进行验收或进行验收后未提出书面质量异议的，即视为默认符合规定。对于提出质量异议或因其他原因拒收，应负责妥善保管，等候处理，不得动用。一经动用即视为接收，甲方应按期向乙方付款，如不按期付款，则按延期付款处理。

第九条　不可抗力

甲、乙双方的任何一方由于不可抗力的原因不能履行或不能完全履行合同时，应尽快向对方通报理由，经有关主管机关证明后，可允许延期履行、部分履行或不履行，并可根据情况部分或全部免予承担违约责任。乙方如果由于不可抗力造成产品质量不符合合同规定的，不以违约论。对这些产品的处理办法，可由甲、乙双方协商决定。

_____因受气候影响早熟或晚熟的，交货日期经双方协商，可适当提前或推迟。

第十条　合同的变更与解除

甲、乙双方的任何一方要求变更或解除合同时，应及时通知对方，并采用书面形式由双方达成协议。未达成协议以前，原合同仍然有效。当事人一方接到另一方要求变更或解除合同的建议后，应在收到通知之日起15日内做出答复，当事人双方另有约定的，按约定的期限答复，逾期不作答复的，即视为默认。

第十一条　其他约定

违约金或赔偿金，应在甲、乙双方商定的日期内或由有关部门确定责任后10日内偿付，否则，按逾期付款处理。

第十二条　本合同正本一式两份，甲乙双方各执一份，具有同等效力。

第十三条　本合同于＿＿＿＿年＿＿＿月＿＿＿日在＿＿＿＿签订，有效期至＿＿＿＿年＿＿＿月＿＿＿日。

甲方：＿＿＿＿＿＿＿＿＿＿＿＿＿＿＿＿＿＿＿＿＿

代表人：＿＿＿＿＿＿＿＿＿＿＿＿＿＿＿＿＿＿＿

开户银行：＿＿＿＿＿＿＿＿＿＿＿＿＿＿＿＿＿

账号：＿＿＿＿＿＿＿＿＿＿＿＿＿＿＿＿＿＿＿＿

＿＿＿＿＿年＿＿＿月＿＿＿日

乙方：＿＿＿＿＿＿＿＿＿＿＿＿＿＿＿＿＿＿＿＿＿

代表人：＿＿＿＿＿＿＿＿＿＿＿＿＿＿＿＿＿＿＿

开户银行：＿＿＿＿＿＿＿＿＿＿＿＿＿＿＿＿＿

账号：＿＿＿＿＿＿＿＿＿＿＿＿＿＿＿＿＿＿＿＿

＿＿＿＿＿年＿＿＿月＿＿＿日

◎ 附录二

农副产品营销合同

甲方（购方）：_____

地址：_____ 邮编：_____ 电话：_____

法定代表人：_____ 职务：_____

乙方（供方）：_____

地址：_____ 邮编：_____ 电话：_____

法定代表人：_____ 职务：_____

为了调动农户积极性，促进农副产品的优质、高产，保证农副产品供应，经甲乙双方充分协商，特订立本合同，以供双方共同遵守。

第一条 农副产品交售品种、数量、质量及办法

1. 乙方全年向甲方交售农副产品_____（ ）斤，其中，第一季度交售农副产品的品种、数量为_____，第二季度交售农副产品的品种、数量为_____，第三季度交售农副产品的品种、数量为_____，第四季度交售农副产品的品种、数量为_____。

2. 农副产品品种的等级价格，按规定执行。乙方应分等级交售，甲方抽样验级。

3. 价格：日常收购按物价部门规定执行。

4. 农副产品交售时间由甲方联络员与乙方负责人协商，提前一天安排次日应交售的品种、数量，开出农副产品预约通知单，乙方凭条办理交售。其交售与预约量允许上下浮动20%。

第二条 本合同内的品种、数量要求

在正常情况下，按分月所订品种、数量交售、收购，所订品种完成

90%以上者，均按执行了合同对待。

第三条 合同期限

合同期限为一年，即从_____年_____月_____日起至_____年_____月_____日止。

第四条 甲方的权利义务

1. 甲方对乙方交售的农副产品必须及时验收，及时承付货款，最迟不超过_____小时（天）。

2. 甲方评定农副产品等级要按照国家规定的质量标准，不得任意压级压价。

3. 甲方对乙方交售的不合规格的农副产品，有权拒收，但必须向乙方说明理由。

第五条 乙方的权利义务

1. 乙方在完成交售任务前，不得私自出售农副产品。

2. 为确保人民身体健康，乙方必须按照农副产品用药规定施用农药，严禁在农副产品地使用剧毒农药。对药性、肥气未脱的农副产品严禁出土上市。

3. 乙方交售给甲方的农副产品，要求一级品达到_____%，二级品达到_____%，三级品达到_____%。

4. 乙方必须保证按合同规定的面积和品种种植农副产品，未完成合同规定的任务前不得种植其他农作物。

5. 乙方的农副产品生产如受气候条件等的影响，允许在减产_____%的幅度内不以违约论。

6. 乙方完成向甲方交售农副产品的任务后，有权自行销售。

第六条 甲方违约责任

1. 在正常或预约的收购时间内，甲方无故不收购，造成农副产品变质和运输等损失，或故意压级压价，除应赔偿乙方的损失外，还应向乙方偿付该批农副产品总金额_____%的违约金。

2. 甲方如拖延支付乙方货款的时间，应按银行关于拖延付款的罚款规定，向乙方偿付违约金。

第七条　乙方违约责任

1. 乙方非因自然灾害，未完成当月合同总数量的90%者，应根据所欠农副产品价款，比照银行拖延付款的规定，向甲方偿付违约金。

2. 乙方如在未完成交售任务前擅自出售农副产品，每出售100斤，应向甲方偿付违约金_____元。

3. 乙方如交售使用剧毒农药喷洒以及药性、肥气未脱的农副产品，应按每百斤_____元向甲方偿付违约金。如果因此造成人身伤亡，乙方应承担一切责任。

第八条　不可抗力

如因不可抗力的自然灾害造成农副产品生产的损失，不以乙方违约论，甲方应据实减少乙方所承担的交售任务。

第九条　其他约定

_____

_____

(本合同自甲乙双方签字之日起生效，甲乙双方任何一方不得擅自修改或解除合同，如双方代表人发生变更，不得变更合同。本合同内如有未尽事宜，必须由甲乙双方共同协商，做出补充规定，补充规定与本合同具有同等效力。合同期满，甲乙双方可根据对下一年农副产品供求的预测，重新签订农副产品订购合同。)

第十条　本合同正本一式两份，甲乙双方各执一份。

第十一条　本合同有效期自_____年_____月_____日至_____年_____月_____日止。

甲方：_____

代表人：_____

_____年_____月_____日

乙方：_____

代表人：_____

_____年_____月_____日

七、农副产品经营中的风险控制

农副产品经营中除了经营风险外，还有更多的交易风险，现如今骗子新招迭出，令人防不胜防。农民朋友由于缺乏防范意识，经常被骗。因此在农副产品营销活动中，除了必备的营销知识外，还要有相关的经营风险意识以及财务安全知识等，以及发生经济纠纷时知道如何打官司等。现对这些必备知识进行简单介绍。

1. 农副产品经营风险的分类

我国农副产品经营者面临的经营风险主要有四大类，即自然风险、市场风险、法律风险以及国际贸易风险。风险是产品的本质属性。

（1）自然风险，也称为破损风险。就是由于自然灾害，如火、风、疾病和变质等引起的产品破损风险。凡是从事农副产品营销的生产者必然会面临因火灾、疾病或其他一些不可预料事件而导致的经营风险。对于一些比较大的营销公司来说，可以通过建立风险准备金，也可通过保险来转嫁风险。

（2）市场风险。它是指由消费者偏好、供给、商业环境改变引起的质量或价格的变动而导致的产品价值减少的风险。农副产品产量较大且不可预测的波动会给农副产品加工者和处理者、零售商带来很大的不确定性，从而增加相应的成本。

（3）法律风险。简单地说，就是我国农户的法律意识薄弱，或者根本不懂法律，凡事凭老习惯或老经验办事，这种法律风险常常给正规经营户带来巨大灾难。

（4）国际贸易风险。各国之间贸易摩擦加剧，反倾销案件增多以及技术性贸易壁垒的频繁出现，导致农副产品的国际贸易风险增大。

除了以上的经营风险外，具体销售中还存在各种交易风险，农民朋友稍不注意就会中招，上当受骗。以下揭露几种骗子的惯用骗术，提醒农民朋友在交易过程中提高警惕。

（1）农副产品加工猫腻多，谨防押金被骗。农户辛辛苦苦养殖出来的农副产品有时一时无法卖完，农民朋友就会想到进行农副产品深加工。这时候一定要注意，有些骗子公司打着给农副产品加工的名号，叫你先交一部分押金。这实际上就是骗子行骗的开始。

别忘记你的货他们压着呢，就算你真的不给钱，这些人可以扣你的货。但是你真的交了押金以后，可能最后钱货两空。

一定要记住：真正的大企业给你加工农副产品走的是正常的合同手续，不会叫你交押金的。很多骗子公司利用这个盲点骗了不少农民朋友的钱。

农民朋友还要注意，签订的章程、协议、发票等相关证据要妥善保管，发生问题时可及时向当地消费者协会投诉，或向有关行政主管部门申诉。

在交易过程中要提高警惕，一旦遇到意外事件，尤其是遇到商家不作任何声明突然停业、整顿或转包，这时候就要警惕起来，因为这一般是骗子们想溜之大吉，你应及时向当地消费者协会或工商部门投诉，或通过法律诉讼途径解决，必要时还要向公安机关报案。

（2）警惕农副产品货运站代收货款后逃匿。对于实力一般的农副产品经营者来说，一般都会将农副产品或加工品委托给货运站进行托运，这些托运公司鱼龙混杂，见利忘义，经常会携货或携款潜逃。

这些货运站多为无证经营，没有工商营业执照，以小门面、多家同一门面的形式出现在货运码头或食品交易场所，在承接农副产品托运业务时没有统一规范的合同文本，只开具一张委托单，货运站工作人员也不出具发票，甚至货运站工作人员只在委托单上署上自己的姓氏，连名字都不写。一旦托运人员携款逃匿，农副产品经营者就只能吃哑巴亏。

托运货物或委托其代收货款时一定要委托有资质、正规的物流企业，签订委托合同，明确双方的权责，遇到货运站拖欠货款或托运货物逾期未到时应提高警惕，发现情况不对时及时报警，以免损失加重。

（3）网络"钓鱼"骗术。网上交易的出现，为农副产品经营者提供了方便快捷的交易方式，但网络交易也有其黑暗的一面，当前网络"钓鱼"诈骗猖獗，诈骗团伙设立虚假网站诱骗网络用户输入机密信息，或者发送暗藏病毒程序的邮件侵入你的金融账户，农民朋友稍有不慎就有可能上当受骗。

①发送电子邮件，以虚假信息引诱用户中圈套。不法分子大量发送欺诈性电子邮件，邮件多以中奖、返点、对账等内容引诱用户在邮件中填入金融账号和密码，或是以各种紧迫的理由要求收件人登录某网页提交用户名、密码、身份证号、信用卡号等信息，继而盗窃用户资金。

②建立假冒网站骗取用户账号密码实施盗窃。不法分子建立起域名和网页内容都与真正的网上银行系统、网上证券交易平台极为相似的网站，引诱受骗者输入账号、密码等信息，进而窃取用户资金。

③利用"木马"和"黑客"技术窃取用户信息。不法分子在发送的电子邮件中或在网站中隐藏"木马"程序，农民朋友在感染了"木马"的计算机上进行网上交易时，"木马"程序即以键盘记录方式获取你的账号和

密码。

④利用虚假的电子商务进行诈骗。不法分子在知名电子商务网站发布虚假信息，以所谓"超低价"、"买一赠十"、"期货转让"等名义出售农副产品，要求受骗者先行支付货款以达到诈骗目的。

⑤网址诈骗。不法分子设计的诈骗网站网址与正规网站网址极其相似，往往只有一个字母的差异，不仔细辨别很难发现。当用户登录虚假网站进行资金操作时，其财务信息将完全泄露。

⑥破解用户的"弱口令"（通常认为容易被别人猜测到或被破解工具破解的口令都是弱口令）进而窃取资金。不法分子利用部分用户贪图方便，在网上银行设置"弱口令"的漏洞，从网上搜寻到银行储蓄卡卡号，进而登录该银行网上银行网站，破解"弱口令"。

面对以上形形色色的各种诈骗手段，农副产品经营者要有效地识别、应对和防范：

①在网上发现明显不合常理的交易价格时，不要主动与对方联系，拨打所谓的咨询电话，以免使你一步步落入骗子事先设计好的陷阱里。

②不要过分依赖网络，如对相关信息感兴趣时，除线上咨询外，也可委托当地的好友实地去求证。

③一旦发觉对方可能是骗子，马上停止汇款，防止损失加重。

④一旦遇骗，马上进行举报，拨打网站客服电话进行举报，或向当地派出所报警。

⑤提高自我保护意识，注意妥善保管自己的私人信息，如本人证件号码、账号、密码等，不向他人透露。

最后提醒农民朋友，不管是现实诈骗还是网络诈骗，骗子最终的核心或者共同点都是一个"骗"字，只要农副产品经营者加强防范心理，多加警惕，多留点心眼，谁都别想骗走你的钱。

2. 如何预防交易风险

农副产品经营者遇到的大多是市场风险和法律风险，这些风险通过有效预防是可以规避和控制的。随着农副产品流通市场的不断改革，农副产品贸易面临着越来越多的不确定因素，因此我们必须与时代接轨，更好地运用经济技术手段，加强对农副产品经营中如何规避风险的研究，确保农副产品经营平稳运行、收益长久。

（1）牢固树立保护农民利益，促进农民增收的观念。农民的积极性和主动性是振兴农业的根本，必须把保护农民的利益，促进农民增收放在首位，建立起提高农民合理收入的长效机制。首先是从体制和法律上，建立保护农民土地权益，解决农业和农副产品种植之间矛盾的基本制度。其次是建好农副产品销售网络，特别是完善农副产品流通市场，提高流通效率，降低流通成本。最后是建立和健全农村合作形式，改善与经纪人的关系，提高农民的组织化程度和市场竞争力。

（2）发挥国有农副产品经营企业的主渠道作用。国有农副产品经营主渠道的优势有：①国有企业的信誉优势。②素质好、队伍强的人才优势。③配套齐全的设备优势。④遍布全国的流通网络优势。⑤农行等支持的资金优势。

（3）提高掌控农副产品市场的经济能力。这主要体现在：使农副产品经营遵循价值规律，适应市场供求关系的变化；发挥在竞争中的多渠道流通作用，从中择优去劣；把握好农副产品未来发展的信息，准确地协调生产与需求关系；服从国家的各项调控政策；建立健全信息采集制度，合理鉴别，规避信息风险。

3. 发生经济合同纠纷时如何打官司

签订了营销合同，但由于交易的不确定性及风险性，会发生各种违约行为，在双方协商不成的情况下，经济合同当事人一方向法院提出请求，期望通过审判来解决经济合同纠纷，这就涉及经济合同官司的起诉。

（1）经济合同纠纷起诉注意事项。经济合同纠纷案件起诉除应符合起诉的一般要求外，还要注意以下几点：

①在诉状的诉讼请求中应明确请求法院解决的具体问题，如要求履行合同、偿还合同欠款、承担产品质量责任、赔偿违约所致损失等，应在事实和理由部分就合同订立与履行情况作一概述，阐明纠纷产生和发展的性质、后果以及双方争执的焦点。

②所附书证中一般应附产生纠纷的经济合同的文本，及与该纠纷有关的其他证据。

③合同纠纷的诉讼时效一般为两年，但涉及租金拒付或应付，寄存财物损坏、丢失，出售质量不合格商品未主动说明的特殊诉讼时效为一年，均以当事人知道或应当知道权利被侵害之日起计算。

④合同双方当事人在经济合同中订有仲裁条款，或在纠纷发生后达成仲裁协议的，一方再向人民法院起诉的，法院不予受理；但仲裁条款和仲裁协议无效、失效或者内容不明确而无法执行的，当事人在仲裁条款或协议中选择的仲裁机构不存在，或选择裁决的事项超越仲裁机构权限的，法院有权受理当事人一方的起诉；当事人一方向法院起诉时未说明有仲裁协议，法院受理后，对方当事人又应诉答辩的，视为法院有管辖权。

⑤对涉及技术秘密、商业情报及信息等商业秘密的，可申请不公开审理，或不在公开庭上质证，可根据需要及时申请诉讼保全。

经济合同官司的应诉，即当事人一方（被告方）对另一方（原告方）的起诉做出反应，进行答辩或反诉，被告方应在规定期限内提出答辩状或反诉状。经济合同官司应诉除应符合一般要求外，还可以从以下几个方面重点着手，借以否定原告的诉讼请求、事实和理由。

①经济合同的效力问题。因为无效合同不应履行，已履行部分也是无效的，无效合同的后果亦应消除。

②纠纷产生原因。以有力的事实证明纠纷产生属于对方过错、双方过

错或第三方过错（如上级机关的过错），以及属于不可抗力等非主观原因，从而避免承担责任或减轻自身的违约责任。

③法院管辖及诉讼时效。可以以管辖异议、时效已过等为由，否定对方的起诉。

（2）如何打购销合同（买卖合同）官司。购销合同，是供需双方当事人就转移一定的物质财产而明确相互权利、义务关系的协议。购销合同是最为常见的一种经济合同，购销合同纠纷也是经济合同纠纷中数量最多的一种。欲打赢官司，除应按打经济合同官司的一般规律办理以外，还应注意自身在标的、数量、质量及履行期限等方面的特点，做到有的放矢。

购销合同的标的只能是物，围绕转移标的物产生双方权利、义务，因此，诉讼当事人可据此将购销合同与其他合同区别开来，将不同的购销合同区分开来，依法提出不同的诉讼请求。如水产品购销合同的标的是水产品，包括水产品的繁殖、饲养以及深加工或捕捞的动物等。

购销合同因标的数量而发生纠纷的，要注意以下几个问题：

①供方不能交付约定数量的货物，或需方少要或不要约定的交货数量，都应承担不能交货或中途退货的责任，通常情况下违约金为违约部分货物总值的1%~5%，对于特定产品也可达到10%~30%。

②供方交货多于约定数量，需方在妥善保管的情况下，有权在规定的时间内通知供方处理，并可拒付多交部分的货款和运杂费。

③供方交货少于约定数量，需方可拒付少交部分的货款，并有权在规定的时间（一般为十天）内通知供方补齐，补齐而逾期的，供方负逾期责任。需方未在规定时间内通知的，视为数量符合约定。供方收到需方通知后未在规定时间内答复，视为默认需方意见。

购销合同因质量产生纠纷的，要注意以下几个问题：

①供方未按规定将产品合格证（或质保书）、双方商定的必要技术资料随同产品或运货单交付验收的，需方有权拒付有关货款，并要求补齐资

料，因此而延期的，供方负逾期责任。

②需方在验收中发现产品有质量问题时，应一面妥善保管，一面按规定时间向供方提出书面异议，在货运到后十天内或提货后商定的期限内提出。内在质量，在约定的保质期内提出。必须安装运转后才能发现质量缺陷的，在运转之日起六个月内提出。未在规定时间内提出书面异议者，视为产品符合约定。供方收到需方异议后，应在十日内负责处理，否则视为默认需方的要求和处理意见。

③当事人双方对产品质量有争议的，可依法提交质量监督机构进行仲裁检验。

④对质量不符合约定的，双方协定后，可按质论价，作降价处理。

购销合同因履行期限发生纠纷的，要注意以下几个问题：

①供方提前交货的，需方收货后仍可按原定交货时间付款。供方通知提前提货的，需方可拒绝。

②供方逾期交货的，发货前应征求需方意见，若需方仍需要的，供方应照数补齐并负逾期责任；若需方不再需要的，应在接到通知后15日内答复供方，并办理解除合同手续，并由供方承担违约责任；逾期不答复的视为同意发货。

③需方逾期提货，除应仍按约定时间付款外，还应负逾期提货责任。

④履行期限的确定因交货方法而异：供方送货或代为托运的交货期，以发运时承运部门签发承运证件的戳记日期为准；需方自提产品的，以供方按约定通知的提货日期为准。

（3）如何打货运合同官司。货运合同，是承运方按约定将托运方托运的货物运到指定地点，交给收货方，由托运方给付约定运费的协议。货运合同一般按运输方式分为铁路、公路、水路、航空货运合同和联运合同。

货运合同的订立中，承运方受各种因素影响较大，非常容易与托运方产生纠纷。打货运合同官司时要注意以下几个问题：

①要保存完整和齐全的合同文本。货运合同书面形式较特殊，主要有两种书面形式：一种是分批发运大宗货物，先签订年度货运协议，在履行时再分批填写货运单；第二种是零星货运，只填写货运单，承运方在托运方交付的货运单上加盖戳记后合同成立。另外还有整批、整车货运合同等。货运单是货运合同的主要表现形式和重要组成部分，是承运方承运凭证，也是收货方提货凭证；是合同成立的证明，也是合同变更解除的凭据；是当事人双方权利、义务的依据，也是解决货运纠纷的依据，因此在订立和履行中都应保持其完整齐全。

②要明确合同主体各自的责任。货运合同的履行以货物交付收货人为终结，所以货运合同主体不仅有托运方与承运方当事人，还有收货方这一关系人。主体各方应各负其责，按约定日期、数量、品种提供托运物，按有关标准包装托运物或严守危险物品运输规则。按期交付运杂费是托运方的主要义务，按约定提供运输工具组织发运，安全准时将承运物送达指定地点，交付收货方，是承运方的主要义务。收货方则主要是按通知时间及时提取货物。各方主体造成他方损失的均应赔偿，造成逾期的，均应支付违约金。但因不可抗力、货物固有性质、合理损耗，或托运方、收货方过错造成货损的，承运方不负赔偿责任。

③要了解联运合同争议处理方法。联运合同是托运方与两个以上承运方之间订立的，采用不同运输方式或经不同运输区段衔接运送货物而订立的货运合同。联运合同中各承运方对货物损失均负连带赔偿责任。物损发生时，收货方或托运方应向终点站（港）提出索赔要求，由终点站（港）先行赔偿，然后再向负有责任的运输区段承运方追偿。若提起诉讼，应向终点站（港）所在地人民法院起诉。

④要遵守索赔期的特殊规定。当事人向对方索赔的时效为180天，其中航空货运合同和水路货运合同从填写货运事故记录次日起算，公路货运合同从货物运抵到达地点的次日起算，铁路货运合同的收货人要求铁路支

付逾期违约金的时效为 60 天。超过索赔期的索赔请求，法律不予支持。

（4）如何打仓储保管合同官司。仓储保管合同，是保管方为存货方保管货物，存货方支付保管费的协议。在现代化商品生产流通过程中，为提高经济效益，加强专业化协作，仓储保管合同将会被更广泛地应用。因仓储保管合同而发生纠纷的，在打官司时要注意以下几点：

①仓储保管合同的标的是提供劳务，即由保管方提供保管服务，双方权利和义务均围绕保管产生，争议也必然与此有关。保管是保管方主要义务，而不同于购销合同、加工承揽合同、货运合同，一方对物品保管属于从属义务。

②保管方在货物储存期间对货物只是暂时的占有权，无权使用和处分。保管期满（或存货方提前提取的）应交回存货方，但存货方到期不提取，不支付保管费的，保管方有权自行处理。

③保管方应是有专门资格的仓储企业或个体户等。保管方应具有专业保管经验，在货物确保安全储存上负有主要责任，在保管物入库时有验收和缺陷通知义务，对保管物的损失、损坏负赔偿责任，但对存货方未说明的危险、易燃、易腐物品，因这些物品而造成其他财产和人身损失等，均由存货方负责。由于本身不能生产所保管的货物，保管方对因过错造成的保管物损失，只负责按价赔偿。

第四章
农副产品深加工

农副产品深加工是指对粮棉油薯、肉禽蛋奶、果蔬茶菌、水产品、林产品和特色农产品等进行工业生产活动的总和。农副产品深加工一头连着农业和农民，一头连着工业和市民，既与农业密不可分，又与工商业紧密相连，是农业现代化的重要支撑力量和国民经济的重要产业。

一、农副产品深加工

农副产品深加工包括两个方面：一是生产过程，即在生产过程中，通过机械化或半机械化，对初级农产品进行深加工，从而改善产品品质，提高产品质量，达到批量化效果，提高经济效益。二是消费过程，即提供的产品更接近于市场的最终消费。如将柿子通过深加工制成柿子糖、柿饼、柿子脯、糖水柿子罐头等；将苹果通过深加工制成苹果干、苹果酒、苹果酱、糖水苹果罐头等。

农副产品深加工项目有很多，具体要根据自己所生产的农产品来进行加工，农副产品一般可加工制成酒类、干果、罐头、酱一类。

通过对农副产品进行综合利用和深加工，可增加其附加值，增强市场的竞争力，是一条可取的农民致富之路。对农副产品进行深加工，既可改变农副产品的生长周期及生命周期，增加产品附加值，又可推动农副产品加工业从数量增长向质量提升，无疑具有十分重要的意义和十分明显的现实作用，它既有利于促进农业提质增效，也有利于促进农民就业增收，更有利于推动农村产业融合。

二、国家大力发展农副产品加工业

近年来，我国农副产品加工业有了长足发展，成为行业覆盖面宽、产业关联度高、中小微企业多、带动农民就业增收作用强的基础性产业。但在长足发展的同时，我国的农副产品加工业也存在不少的瓶颈，为此，国务院办公厅于 2016 年 12 月 17 日印发了《关于进一步促进农产品加工业发展的意见》，针对我国一些地区农产品加工业存在的布局分散和结构不尽合理的问题，提出了相关解决方案及配套措施，借以推动农业供给侧结构性改革，推动农产品加工业从数量增长向质量提升转变，促进农产品加工业持续稳定健康发展。目标是到 2020 年我国农产品加工转化率达到 68%，规模以上农产品加工业主营业务收入年均增长 6% 以上，农产品加工业与农业总产值比达到 2.4：1，坚持走质量型发展之路，到 2025 年，农产品加工转化率达到 75%，农产品加工业与农业总产值比进一步提高，形成一批具有较强国际竞争力的知名品牌、跨国公司和产业集群，基本接近发达国家农产品加工业的发展水平。《关于进一步促进农产品加工业发展的意见》强调坚持"以农为本、转化增值，市场主导、政府支持，科技支撑、综合利用和集聚发展、融合互动"的四大原则，大力发展农产品加工业。

具体措施包括：

（1）优化结构布局。支持大宗农产品主产区重点发展粮棉油糖加工，特别是玉米加工；发展农产品初加工，解决当前农产品产后损失大的问题；发展农产品精深加工，满足不同人群对营养健康功能性食物的新型消费需求；发展主食加工，解决当前主食社会化有效供给不足的问题；发展综合利用加工，解决农产品及加工副产品利用不足、农业农村资源环境压力大的问题。

（2）推进多种业态发展。发展"农户+合作社+企业"模式；鼓励企业打造全产业链；利用"互联网+"等新兴模式、园区建设和公共服务平台发展农产品加工业。

（3）加快产业转型升级。在农业部、科技部、工信部、教育部等多部门指导下，提升农产品加工业科技创新能力，加速科技成果转化推广，提高企业管理水平，加强人才队伍培养等。

（4）完善相关政策措施。在财政支持和税收政策上，要求有关支农资金、农业综合开发资金优先支持农产品加工业项目，各地要支持农产品加工业公共设施建设等。扩大农产品增值税进项税额核定扣除试点行业范围，调整完善和明确初加工优惠范围。此外，深加工用地列入土地利用规划计划。

三、发展啥样的农副产品加工业比较好

当前，随着经济进入新常态和城乡居民消费不断升级，农产品加工业也面临产业布局不尽合理、生产方式比较粗放、企业成本不断上升等问题，因此，既要依照长板理论，发展特色优势农产品加工业，也要依照短板理论，从问题切入，大力发展尚处在劣势但需要采取有力措施加以促进的产业。

比如，我国很多地方农产品产地初加工落后，每年产后损失相当于1.5亿亩耕地的投入和产出被浪费掉；精深加工及综合利用不足，一般性、

资源性的传统产品多，高技术、高附加值的产品少；主食社会化供应不足，一些地方依赖摊贩和作坊供应主食。所以，《关于进一步促进农产品加工业发展的意见》针对这些问题，鼓励发展不改变农产品内在品质的初加工，发展二次以上加工的精深加工，发展主食加工，发展综合利用加工，可以说是坚持了问题导向，很有针对性。

四、有哪些财税方面的扶持政策

当前，我国农产品加工企业运营成本加大、各种负担比较重、利润空间被压缩，针对这些问题，《关于进一步促进农产品加工业发展的意见》在财税方面推出了一系列政策措施。比如在财政支持上，要求有关支农资金应优先支持农产品加工业项目，支持农产品加工业公共设施建设等。各专项资金应扶持农户和合作社建设贮藏窖、冷藏库和烘干房。农业综合开发资金，以财政补贴和贷款贴息的方式支持合作组织和涉农企业发展建设农产品生产基地建设。国家扶贫开发资金扶持项目，对贫困地区带动增收效果明显的农产品加工企业给予支持。国家现代农业发展资金项目，把支持农产品加工、推动建立一批集优势产业生产和加工于一体的产业体系作为一项重要内容。

在税收政策上，扩大农产品增值税进项税额核定扣除试点行业范围，调整完善和明确初加工优惠范围。农产品加工业增值税，通过外购农产品进行加工和销售的企业增值税税率由17%下调到13%，在液体乳及乳制品、酒及酒精、植物油加工行业先行试点，将农产品进项税额扣除率由现行的13%修改为纳税人再销售时货物的适用税率。农产品加工业所得税，企业从事农林牧渔业项目所得税可以免征、减征。把农产品初加工列为所得税免征范围。部分进口农产品加工设备免征关税和增值税，引进国内不能生产的先进加工生产设备，按有关规定免征进口关税和进口环节增值税。农产品出口退税，对农产品出口实行与法定退税率一致的退税政策，出口退税率尚未达到法定征税率的农产品，优先考虑适当提高出口退税率。

五、粮油农副产品深加工

考虑到深加工的工艺复杂性及操作性，本书现就粮油深加工作举例说明。

众所周知，在激烈的市场竞争中，由于对新产品开发投入不够以及技术的制约，粮油农副产品的深加工已成为制约农村经济发展的瓶颈。简单粗糙、原始初级的粮油农副产品，由于品牌价值低，很难在市场上立足。由于粮油农副产品品质雷同，产品的附加值低，消费者不接受，造成产品销售困难，价格下滑，经营收益不佳。

比如目前我国豆制品与国外相比，工艺技术和设备水平存在相当大的差距，豆浆、豆腐是我国发明的，一直是我国的优势行业，最近几年，日本却后来居上，其制作工艺、制作水平及出口量远超过我国。

可见，以提高粮油农副产品利用率和生产系列产品为目的的深加工、精加工，是提高粮油农副产品附加值的有效途径。

首先，通过技术改造可促进粮油产品上档次。粮业可重点发展小包装精品米、配方米、营养强化米等，油业则可重点发展色拉油、调和油、橄榄油等。

其次，通过深加工和综合利用，可提高粮油农副产品综合经济效益。如利用碎米生产米粉、米线、米蛋白、米果等；利用稻壳生产稻壳醋、人造板等；利用米糠生产糠醛、米糠醋、牙周宁等；利用油脂下脚料生产洗涤剂、生物柴油、工业甘油等。

我国每年生产的稻谷在 2 亿吨左右，这 2 亿吨稻谷产生的米糠油可以达到 200 万吨，换算成大豆的话，需要多增加 1 亿亩左右的土地才能种出来。

我国现阶段粮油农副产品的深加工以特色加工为主，定位于现代都市消费人群，重点在食品领域，包括绿色营养食品、保健食品、美容抗衰食品、儿童营养食品、旅游观光方便食品和土特产。

从技术上讲，粮油农副产品特色深加工项目主要有以下几个方面：

1. 营养米、面、米粉、粉皮和杂粮类饼、酥、卷、片、锅巴的加工

加工的主要原料为小麦和大米、豆产品等。比如小麦粉制成的面条、面包、蛋糕、饺子、花卷等；再比如面粉制作凉皮，加工不含明矾的油条，制作油面筋、蔬菜挂面以及加工成空心挂面、速食面条等。

大米的加工品有：免淘洗米、强化米、营养快餐米、方便米饭等；粉丝、米粉条、米饼、方便米粉、年糕等；米乳汁饮料等。

具体品种可分为：加工米粉丝；加工方便米粉丝；加工泡米；加工快餐糙米；加工美味营养米；加工快餐米粥、营养八宝粥；加工营养速食米；加工大米干酪；加工免洗速煮米；加工米豆腐；加工锅巴；加工香酥片；加工米粉蛋糕；加工娃娃糕；加工大米凉皮；加工冻米糖；酿造糯米醋；酿制米香酒；生产谷酒等。

下面以茶香米为例，简单介绍一下加工技术。

茶香米是以大米和茶叶做原料加工而成的复合新产品。用这种米煮出来的饭，色、香、味、营养俱佳，还有去腻、爽口、化食、提神等功效，是一种理想的健康食品。不同功效的茶叶可制成不同风味的茶香米。

原料：免淘洗米 100 千克，绿茶 5 千克，水适量。

做法：

（1）制茶水。按大米重量的 5% 配置绿茶，置于容器中，倒入为茶叶重量 40 倍的沸水，浸泡 20 分钟。倒出绿茶水后，再倒入为茶叶重量 10 倍

的沸水浸泡 15 分钟，将两次茶水合并过滤。

（2）混合浸吸。在混合机中按比例倒入免淘洗米及澄清浓茶水（5：1），搅匀，浸吸约 1 小时。

（3）干燥。将浸吸后的大米置于连续式热风干燥机中，在 60℃左右的温度下干燥至水分≤13.5%即可。

（4）密封包装。干燥后的大米要进行密封包装，以延长保质期限。

茶香米的特点是米粒呈现淡绿色，色泽均匀、气味芬芳；煮熟后有较浓郁的茶香味，口味清爽、滋润，食用后唇齿留香。

茶香米因其独特的功效，近几年走俏市场，越来越多的人选择购买茶香米，这对于大米生产经营者来说是一个不错的商机。

2. 米、面、杂粮类糕点加工

糕点加工品有糯米雪片糕、松糕、果酱面包、蛋黄面包、火腿面包、速食绿豆羹、豆沙、豆蓉、绿豆糕、即食米糊等。

在这些加工品中，比较常见的是绿豆糕，绿豆糕以其独特的魅力吸引着众多消费者购买，南方和北方人都喜欢（只是北方的绿豆糕油少，不带馅；南方的则油重，有的还加馅）。

以下就绿豆糕的加工技术进行简介：

原料：绿豆 12.5 千克，白糖 13 千克，麻油 4.5 千克，桂花 1 千克，豆沙馅料 27.5 千克，柠檬黄色素 5 克。

做法：

（1）制粉。绿豆经挑选、清洗后，下锅蒸煮，至皮破开花，用清水冲洗后晾干，上粗磨磨去豆皮，再上细磨磨粉，筛去粗粉后即得绿豆糕粉。

（2）调粉。先在调粉机内加入白糖及相当于绿豆糕粉量 10%的水和少量柠檬黄色素，再加入绿豆糕粉和 3 千克麻油搅匀，过 16 目筛，使料粉充分松散。

（3）成模。将料粉撒满木模，如带豆沙馅的需先选好豆沙馅，制成小

块，放在木模中心处，四周用料粉填平，翻转木模，用木模轻敲底面，扣在垫有纸垫的蒸笼板上。也可先将料粉撒在木模内，然后用手指轻压印模，去掉 1/3 左右的料粉，放入事先制成的豆沙馅，用手压实后再撒满料粉，刮平。

（4）蒸煮。将扣在蒸笼板上的绿豆糕生坯放入大蒸笼内蒸熟。蒸的时间要掌握好，如蒸煮时间过长会发生糊化；若蒸汽过大或蒸煮时间过短，都会使成品底部变硬。

（5）包装。把蒸好的绿豆糕从蒸笼板上取下，涂上麻油，除去垫纸，待完全冷却后即可食用或包装出售。

3. 大豆制品的加工

传统的大豆制品除豆腐外，还有豆粉、腐竹、腐乳、豆腐干、豆腐丝、素鸡、熏制品等几十种产品。近几年来，新型大豆制品业不断发展，这些新型的大豆制品主要指以脱脂大豆为原料的大豆蛋白制品、全脂大豆制品，以及采用高新技术的大豆磷脂、大豆纤维、大豆异黄酮等功能食品。

这些加工品具体有日本豆腐、花生豆腐、彩色豆腐、五香豆腐干、臭豆腐、腐竹、豆腐乳、美味豆豉、黄豆酱油、豆腐渣酱油、风味豆瓣酱、蚕豆辣椒酱等。

以下就以腐竹加工为例，简单介绍一下大豆制品的加工技术。

腐竹是由煮沸后的豆浆，经过一定时间保温，使其表面产生软皮，挑出后下垂成枝条状，再经过烘干而成的。由于其形状像竹笋，所以叫腐竹。其实还有很多别名，如豆腐皮等。其生产加工流程为：

大豆→筛选→脱皮→浸泡→磨制→分离→煮浆→成型→烘干→回软→包装→成品。

操作要点：

（1）选豆。用筛豆机将混杂在大豆中的泥块、沙子、野草等清除干净，再把大粒豆与小粒豆分开，然后分别作脱皮处理。

（2）脱皮。将筛选干净的大豆用输送机输送到钢磨（或石磨或脱皮机）进行脱皮，再用鼓风机把豆皮、豆仁分开。经脱皮后的豆子色泽黄白，提高了蛋白质的利用率，同时也除去了纤维成分。

（3）浸泡。浸泡是为了让豆仁能够充分吸收水分膨胀，内部组织软化，从而使大豆组织中的蛋白质、脂肪等成分在磨制豆浆时能充分析出。

（4）磨浆。用石磨或钢磨、砂轮磨均可。浆汁要求细腻、呈淡黄色，手捏松软如棉絮状。

（5）分离。分离就是把豆渣分开。

（6）煮浆。通过分离后的豆浆，须送入另一个容器中，通入蒸汽加热至沸，以达到豆浆灭菌、蛋白质变形的效果。煮沸的浆水，可直接送入腐竹锅内保温揭竹，也可用筛床进行一道热浆过滤，根除杂质，提高质量，然后再揭竹。

（7）成型。煮沸后的豆浆，放入腐竹成型锅内挑竹。经过加热后的豆浆部分水分蒸发，起到浓缩作用。表层遇空气而凝结成软皮，用小刀把每格的软皮切成三条，然后挑起，使其自然下垂，成为卷曲立柱形，挂在竹竿上，准备烘干。

（8）烘干。腐竹成型后，需要马上烘干。

（9）回软。烘干后的腐竹，如果直接包装，破碎率很大，所以要经过回软处理，回软是用微量的水进行喷雾，以减小脆性。但喷水量要小，喷一下则可。

（10）成品包装。将最终成型的腐竹进行包装，食用或出售。

4. 米、杂粮类糖的加工

米、杂粮类糖的加工品有米花糖、泡米糖、芝麻香酥糖、香米糖、豆酥糖、糯米芝麻糖、玉米芝麻糖、马铃薯软糖、红薯蜜饯、糖稀等。

这类制品里比较有特色的是香米糖，其风味独特、口感纯正，且经济实惠，符合大众消费水平，市场需求量大。生产香米糖所需的设备简单，投资少，见效快，是一个小本经营、快速致富的好途径。其加工技术简介如下：

原料：大米或糯米 1.5 千克，白糖粉 800 克，饴糖 300 克，植物油、水各适量，咸桂花少许。

做法：

（1）将大米筛去碎米，除去杂物，淘洗干净后用清水浸泡 8 个小时，取出用清水漂洗干净，沥干水，放入蒸笼蒸至米粒熟而不烂时取出，置于通风处冷却，待米粒半干不黏手的时候，用手搓散米粒，置于阳光下晒干。

（2）倒油入锅烧至滚熟时，将米干分批入锅炸制，待米干爆成米花浮起时，迅速捞起，沥油，冷却。

（3）将150克清水和白糖粉倒入锅内，加热溶化后，加入饴糖，熬煮至糖浆温度达到120℃的时候，取少量糖浆置于水中冷却，以牙咬起脆发响时即可熄灭火。

（4）将米花倒入熬好的糖浆中，搅匀，并撒上咸桂花，然后倒入米糖机内（机内用食油先擦一遍，以免粘机），制品出来刮平后撒上一层白糖粉，用力压平后放置片刻，转动机器上的刀片切割成型，出机后冷却10分钟即可包装。

5. 米和杂粮类酒、醋、奶的加工

米和杂粮类酒、醋、奶的加工品很多，比如，糯米板栗保健酒、桂林三花酒、甜酒、马铃薯黄酒、鲜红薯黄酒、玉米啤酒、高粱醋、红薯香醋、天然花生奶茶、花生饮料、乳酸饮料、黑米果茶等。

此类产品加工中，比较典型的是鲜红薯酿黄酒，现介绍用鲜红薯生产黄酒的创新工艺，一般家庭均可以生产。

原料准备：鲜红薯用清水洗干净，切成薄片，加3倍于鲜红薯量的清水，浸泡4小时左右，取出沥干水分，拌入10%粉碎砻糠，放在蒸笼内蒸熟。

做法：

（1）糖化。将蒸熟的薯片盛放于桶或池中，趁热捣碎。待温度降至60℃的时候，拌入5%的麦芽，充分搅拌混合均匀。糖化时的温度保持在50~60℃，时间为3~4小时，然后按薯重的50%加入60℃的温水中，轻轻搅匀令其充分糖化，并浸出糖液。

（2）过滤。当糖液浸出后，加入为薯重50%的热水再浸3小时左右，薯醪浮起即可进行第一次过滤。滤出的糖液保存好以备浓缩。过滤后的薯醪加入与第一次用量相同的60℃的温水，充分搅拌均匀，保持温度在50~60℃，3~4小时后再次进行过滤。过滤时将薯醪放在布袋中进行压榨，以榨出糖液。压榨过滤剩下的残渣可用于酿制白酒和醋，其酒糟仍可继续利用。

（3）发酵。分前后两次发酵。前发酵也称为主发酵，将榨出的糖液混合，并使温度迅速升至 26℃ 左右，移入经过杀菌的发酵缸中。一般情况下，7~8 小时后糖液开始发酵，直至 20 小时后糖液温度超过 30℃，这时需要再搅拌一次。之后每隔 6~8 小时再搅拌一次，通常搅拌 3 次即可。

后发酵：当发酵 4~5 天后，发酵作用逐渐减弱，温度开始下降。10 天左右发酵完毕，酒液趋于澄清，此时宜保持在 20℃ 左右静置，10~20 天即可成熟。

（4）压榨与杀菌。黄酒是一种压榨酒，压榨时将成熟的酒糟装入袋中，置于压榨机中压榨。榨出的酒盛在缸中，加入适量酱色，以增加色泽。加盖静置 2~3 天，使悬浮物沉淀。取出澄清酒液，用水浴法灭菌。灭菌后，酒内的蛋白质及其他物质受热凝固，应该去掉，以增加酒的澄清度，同时促进酒的后熟。

（5）包装。把杀菌后的酒液装入洗干净、消毒、灭菌后的酒缸（坛）中。装酒的时候，缸（坛）口需要加盖细筛以除去杂质。然后用油纸密封，外加荷叶、笋壳包装密封，存放在低温室中进行贮藏。

用这种方法进行鲜红薯酿酒，一般每 100 千克鲜红薯可生产 80~90 千克黄酒。

以上介绍的几种方法非常简单，一般家庭即可实行，既丰富了家庭消费品种，同时也改进了日常饮食习惯。

粮油农副产品特色深加工的优点在于：粮油农副产品特色深加工对传统的技术与配方进行了创新，提高了产品的附加值。粮油农副产品深加工的初级阶段，是家庭作坊式小型生产，比如地方小吃、食品烹调类，基本上是随意用料，更谈不上固定的配方和生产标准，但在"小吃"变为"名吃"后，家庭作坊式生产变为工厂式生产，在用料等方面都实行标准化，因此产品具有广阔的市场空间。

此外可延伸农业产业链，避免"烂市"现象出现。特色深加工是粮油农副产品深加工的主流和方向，迎合消费潮流，符合消费期望值，并能开拓广阔的消费空间。此外，深加工后的产品有着较长的销售周期，利润高，回报良好，既可有效消化多余的粮油农副产品，又能延伸产业链，有利于上下游粮油经营者的生产。

第五章
农副产品电商营销

一、电子商务概念

本书第一章讲了网络营销方面的知识，网络营销作为 Internet 最早且最成功的商业应用，得到了蓬勃的和革命性的发展，随着网络营销的发展，它已不仅仅是营销部门的事，还需要其他相关业务部门如采购部门、生产部门、财务部门、人力资源部门、质量监督管理部门和产品开发与设计部门等的配合，因此，网络营销仅仅局限于营销部门在 Internet 上的商业应用已经不能适合 Internet 对企业整个经营管理模式和业务流程方面的挑战。电子商务从企业全局出发，根据市场需求来对企业业务进行系统规范及重新构造，以适应网络知识经济时代的数字化管理和数字化经营的需要。

不同的机构和不同的组织对电子商务有不同的定义，通俗地讲，所谓电子商务，就是指系统化地利用电子工具，高效率低成本地从事以商品交换为中心的各种活动的全过程。也即买卖双方不谋面地进行各种商贸活动，实现消费者的网上购物、商户之间的网上交易和在线电子支付以及各种商务活动和相关的综合服务活动的一种新型的商业运营模式。

网络营销作为促成市场交易实现的企业经营管理手段，它显然是电子商务活动中最基本的 Internet 上的商业活动。

要实现完整的电子商务会涉及很多方面，除了买家、卖家外，还要有银行或金融机构、政府机构、认证机构、配送中心等机构的加入才行。由于参与电子商务中的各方在物理上是互不谋面的，因此整个电子商务过程并不是物理世界商务活动的翻版，网上银行、在线电子支付等条件和数据加密、电子签名等技术在电子商务中发挥着重要的不可或缺的作用。

二、电子商务模式

电子商务的基本模式分为 B2B、B2C、C2C、C2B、M2C、B2A（即 B2G）、C2A（即 C2G）等模式，随着电子商务的发展，以后会向哪个模式发展或衍生什么样的新模式，那就要看以后的市场如何变化了。

如今，农副产品或生鲜电商市场已进入了蓝海市场，各类企业纷纷进入，依据自身优势，通过各种经营模式，在农村攻城略地，借以达到盈利目标。本书现简单介绍与农副产品经营关联度较大的 B2B、B2C、C2C 三种模式。

1. B2B = Business to Business

B2B 是商家（泛指企业）对商家的电子商务，即企业与企业之间通过互联网进行产品、服务及信息的交换，通俗的说法是指进行电子商务交易的供需双方都是商家（或企业、公司），它们使用了 Internet 的技术或各种商务网络平台，完成商务交易的过程。这些过程包括：发布供求信息，订货及确认订货，支付过程及票据的签发、传送和接收，确定配送方案并监控配送过程等。B2B 有时也写作 B to B，但为了简便一般用其谐音 B2B（2 即 two）。B2B 的典型应用是中国供应商、阿里巴巴、中国制造网、敦煌网、慧聪网等。B2B 是企业间的一种电子商务网上贸易模式，其最具魅力之处在于突破了地域、时间、空间的局限和约束，可使交易双方通过异地联系与沟通，实现交易中的信息传播与收集，进而大大便利买卖双方，降低双方的交易成本。据统计，全球平均每年因为 B2B 电子商务节省的贸易成本开支高达 200 亿美元。

2. B2C＝Business to Customer

B2C（企业对个人）模式是我国最早产生的电子商务模式，它以Internet 为主要服务提供手段，实现公众消费和提供服务，并保证与其相关的付款方式电子化的一种模式。B2C 即企业通过互联网为消费者提供一个新型的购物环境——网上商店，消费者通过网络在网上购物、在网上支付。由于这种模式节省了客户和企业的时间和空间，大大提高了交易效率，节省了宝贵的时间，因此发展形势喜人。这也是目前电商领域里最主要的经营业态，B2C 的典型代表为当当网、亚马逊、淘宝商城、久久快乐鲜花商城、顺丰优选、本来生活网、沱沱工社等。

3. C2C＝ Customer to Customer

C2C 即个人对个人的交易模式，C2C 商务平台就是通过为买卖双方提供一个在线交易平台，使卖方可以主动提供商品上网拍卖，而买方可以自行选择商品进行竞价。C2C 的典型模式是淘宝网等。与上述两种模式相比，C2C 电子商务具有以下几个特点：

（1）辅助性。C2C 电子商务对于人类的日常活动来说是一种互通有无、互相便利的一种买卖关系，是对人类正常购买行为的辅助行为。

（2）庞杂性。C2C 电子商务网站的用户注册量庞大，用户身份复杂，难以辨别，很多卖家同时又是买家。

（3）质量参差不齐。由于用户数量巨大，身份复杂，在网上出售物品的信息十分庞杂，产品质量也是参差不齐。

（4）交易次数多，成交额较小。由于 C2C 模式是针对消费者个人买卖的交易平台，参与交易的双方往往都是个人，尤其是买家，他们购买的物品通常都是单件的，数量很少，批次多，和 B2B 模式完全相反。

C2C 经营模式直接面向用户，可实现精准交易，是农民朋友应努力掌握的一种电商营销方式。

三、电子商务的特点

与传统商务形式相比，电子商务具有以下优势。

1. 全球性

网络时代，地球成为一个村，无论你居于地球何种角落，只要能够上网，都能成为交易对象，成功实现交易。

2. 快捷性

电子商务能在世界各地瞬间完成传递，依靠计算机自动处理，无须人员干预，加快了交易速度。

3. 虚拟化

电子商务交易中，双方从开始洽谈、签约到订货、支付等，无须当面进行，均通过计算机互联网络完成，整个交易完全虚拟化。

4. 低成本

由于通过网络进行商务活动，信息成本低，可节省交通费，且减少了中介费用，整个活动成本将大大降低。

5. 透明化

电子商务中双方的洽谈、签约，以及货款的支付、交货的通知等整个交易过程都在电子屏幕上显示，因此显得比较透明。

6. 效率性

电子商务将传统的商务流程电子化、数字化，一方面以电子流代替了实物流，可以大量减少人力、物力，降低成本；另一方面突破了时间和空间的限制，使得交易活动可以在任何时间、任何地点进行，从而大大提高了效率。

7. 规范性

电子商务的操作要求均按统一的标准进行，否则就无法完成交易。

8. 竞争性

电子商务使企业可以以相近的成本进入全球电子化市场，使得中小企业有可能拥有和大企业一样的信息资源，提高了中小企业的竞争能力。

当然，作为一种新型业态，电子商务在交易中也存在缺点。

1. 一定的技术性

电子商务既需要一定的技术设备、一定的信息环境，也需要一定的技术能力，不像传统交易那样，只要能说会算就可完成交易。

2. 缺乏安全性

电子商务借助网络进行，并非面对面进行实物交易，从而存在一定的交易安全风险。

3. 交易的繁杂性

网络信息为交易提供了便利，但海量交易信息也增加了用户的选择成本，而单纯依靠搜索引擎，往往存在被误导、被诱骗的可能，这种局面反而增加了用户的选择时间。

4. 商品的虚假性

传统交易讲究眼见为实，而电子商务基于信用完成交易，交易的虚拟性强，而目前整个社会的信用环境并不完好，互联网上买到假冒伪劣产品的机会相较现实交易会更多。

5. 易受黑客攻击

在开放的网络上处理交易，如何保证传输数据的安全成为电子商务能否普及的最重要的因素之一。然而黑客的存在增加了这种风险，其对交易的打击是致命的，不仅导致交易失败，而且交易双方也会因个人身份信息尤其是银行卡等证件信息的泄露而蒙受重大损失。

6. 国家税金的大量流失

由于交易基于个人便可完成，脱离了国家监管，而现阶段国人普遍缺乏主动纳税意识，从而导致国家税收大量流失，富了个人、亏了国家的现象广泛存在。

7. 配送成为难题

电子商务通过网络完成交易，但最终交易成功还得依靠线下的物流配送，我国目前缺乏系统化、专业化、全国性的货物配送企业，没有形成一套高效、完备的配送管理系统，尤其是面对农村地广人稀的现实环境，"最后一公里"的配送短板影响交易的成功率。

四、当前我国农村电子商务发展现状 ①

1. 我国农村电子商务发展迅速

截至 2018 年 6 月，我国农村网民规模达 2.11 亿，占全国网民比例的 26.3%，较 2017 年末增加 1.0%；城镇网民规模为 5.91 亿，占全国网民比例的 73.7%，较 2017 年末增加 4.9%。

据统计，2017 年全国农村实现网络零售额首次突破万亿大关，达 12448.8 亿元人民币，同比增长 39.1%。2018 年上半年，农村地区网络零售规模不断扩大，全国农村网络零售额达到 6322.8 亿元人民币，同比增长 34.4%，占全国网上零售额的比重为 15.5%，增速高于全国水平 4.3 个百

---

① 此部分具体数字及相关内容依据由中国国际电子商务中心研究院发布的《中国农村电子商务发展报告（2017—2018）》整理得来。

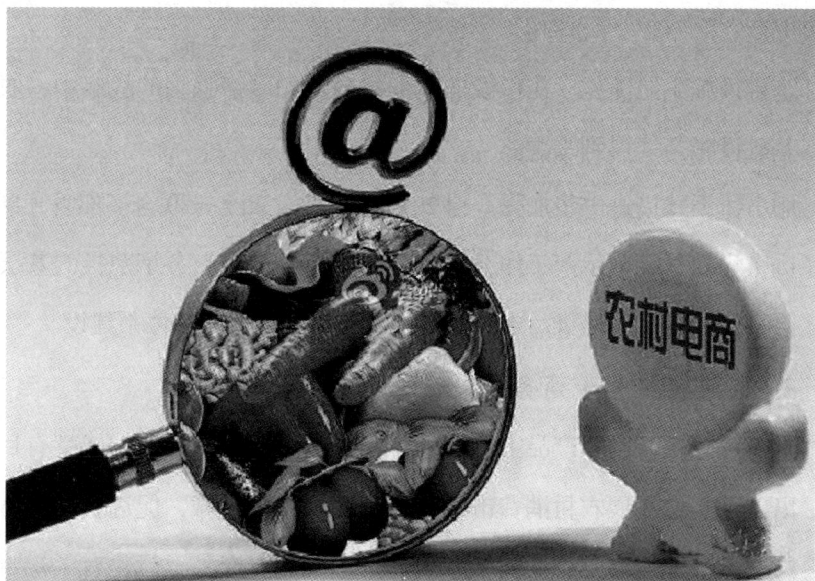

分点。

2017 年，农产品上行规模保持较高速增长。据统计，2017 年全国农产品网络零售额达 2436.6 亿元，同比增长 53.3%。

2017 年农村网店达到 985.6 万家，较 2016 年增加 169.3 万家，同比增长 20.7%，带动就业人数超过 2800 万人。

据阿里巴巴统计，2017 年，全国 24 个省市区共有 242 个"淘宝镇"，较上年的 135 个增长 79%，"淘宝村"总计达 2118 个，较上年的 1311 个增长 62%；全国"淘宝村"开设的活跃网店已超过 49 万个，带动直接就业机会超过 130 万个。

2. 我国农村电子商务主要现状

国家持续加大对农村电子商务的投入力度，通过"互联网+"，进一步做大农村电子商务市场，主要表现在：

政策支持继续加码。2017—2018 年国家对农村电商的政策支持力度持续加大。2014—2018年，连续五年的中央"一号文件"均明确提出要发展农村电商。

基础设施明显优化。在积极推进乡村振兴和网络强国的战略中，农村电商基础设施持续得到改善。

服务体系建设进一步加强。自2014年以来，商务部联合多部委开展了电子商务进农村综合示范工作，重点支持和引导电子商务示范县的基层站点、县乡物流、人才培训、电商园区和农产品上行等服务体系建设。

3. 我国农村电子商务发展的几大改变

从工业品下行向农产品上行转变。农村电商近年来取得的成就有目共睹，既帮助企业拓展农村消费市场，又带动农产品进城，促进农村经济转型升级。当前工业品下行的网络体系基本形成，农产品上行也有了初步的成效。

从单纯的电商交易向农村综合服务转变。2018年中央"一号文件"提出"构建农村一二三产业融合发展体系。大力开发农业多种功能，延长产业链、提升价值链、完善利益链"，"实施休闲农业和乡村旅游精品工程"，"发展乡村共享经济、创意农业、特色文化产业"，这些要求及措施促进了农村电商交易向农村综合服务的转变。

从注重农村经济发展向助力美丽乡村建设转变。党的十九大报告站在历史与未来的交汇点上，首次提出乡村振兴战略。乡村振兴战略的总体要求是"产业兴旺、生态宜居、乡风文明、治理有效、生活富裕"，美丽乡村建设成为农村电商发展的新引擎。

从电商公益扶贫向可持续的系统性扶贫转变。从2014年底该要求的提出，到2015年开展试点，再到2016年扩大试点，电商扶贫已经形成了一种共识，政府、平台、社会都开始积极参与。

4. 我国农村电子商务发展未来趋势及展望

农村电商模式向多元化发展。农村电商经过几年的高速发展，业态不断创新。在 PC 互联网时代，农村电商最初的模式是阿里巴巴、京东、苏宁三大电商大举进军农村市场，通过农村淘宝、京东帮服务店等形式，将传统网络零售带到农村；未来，电子商务将带动技术流、资金流、人才流、物资流并向农村地区集聚，揭开农村电商发展的大幕。

生鲜电商将进入高质量发展阶段。据统计，2017 年生鲜零售领域投资事件共 13 起，总融资金额逾 50 亿元。随着阿里、腾讯等电商巨头的进入，生鲜零售行业马太效应将进一步凸显。消费升级趋势下，消费者对于品质的关注日益提升。调查显示，2017 年中国生鲜电商市场复购率达到 91%，高复购率以及对品质和服务的高要求，表明生鲜电商已进入品质消费时代。

农产品电商产业化进程提速。2018 年中央"一号文件"指出："实施产业兴村强县行动，推行标准化生产，培育农产品品牌，保护地理标志农产品，打造一村一品、一县一业发展新格局。"农业农村部、财政部将优势特色主导产业发展纳入农业生产发展资金项目予以支持，推进集约化、标准化和规模化生产，着力发展优势特色主导产业带和重点生产区域，培育打造一批有影响力的区域和产品品牌。在政策和资金的推动下，农产品的标准化、品牌化进程将会加快，农产品电商产业化进程将提速明显。

新零售掀开农村电商新篇章。近两年农村电商新业态、新模式层出不穷，电商企业不断发掘新的消费市场，形成新的消费热点。各大电商巨头纷纷布局农村新零售，从线上线下竞争到线上线下融合，农村电商进入全新发展阶段。

5. 农村电商发展的现实困难

自 2014 年以来，农村电商市场的巨大潜力一直备受各类资本的关注，资本从不同的角度助力农村新业态形成，促进了农村电商的大发展。尤其是自 2017 年 12 月召开的中央农村工作会议明确提出，实施乡村振兴战略是中国特色社会主义进入新时代做好"三农"工作的总抓手，对乡村振兴战略做出总体部署并提出了实施时间表和路线图后，各类电商巨头进一步认识到农村电商的发展前景，加大了投入，明显加快了投资项目的实施力度，乡村振兴战略为农村电商发展带来了新机遇。

但农村电商发展面临的困难也是显而易见的，一是农民"触网"意识尚待加强。长期以来农民已习惯于当面交易和实体店购买模式，对"网络购物"普遍陌生，且缺乏安全感，存在较多不信任。此外，农村老龄化相对较高，不平衡的年龄结构使农村地区对电商接受度不高。二是农村物流网络不发达，配送成本高。农村网购客户比较分散，订单密度比较小，送件上门成本高。三是农村电子商务专业人才匮乏，尤其是缺少电商的基础平台和电商软件的建设和维护、采集和发布乃至农业市场行情的分析等系列的专业人才。四是参与主体热情度不高。发展农村电子商务存在成本高、资金周转慢、回报率低、订单量不固定、经营风险大等不利因素，因而中小企业、农户参与热情不高。此外还有农产品品牌建设滞后，电商平台热衷于通过平台向下销售家电等实物，而向上积极主动销售农副产品的动力不足，从而造成与民争利，存在销售倒挂现象。

五、新农民如何做电商

先看这里的农民如何做电商。

这两年，"互联网+"的春风，吹皱了广袤农村的一池春水。眼下，很多农民不仅学会了网购，还做起了电商。红土地、黑土地、黄土地，纷纷接入"互联网+"快车道。据农业部统计，2016 年我国农产品网络零售交易总额达 2200 亿元，同比增长 46%。曾经闭塞的山村，用山野最淳朴的味道敲开城市的大门，为贫困的人们换来脱贫的希望；曾经愁卖的农户，将枝头最新鲜的收获销往远方的市场，为致富的梦想增添腾飞的翅膀。

村官给力　农户得利

数据显示：有大学生村官的村庄电商密度是无村官村庄的 2 倍；在家庭特征类似的条件下，村官可提高家庭收入 6000 多元。

在吉林省辉南县样子哨镇太平沟村，农民季鹏程创业做煎饼，去年 8 台机器，今年年初投入 10 万元又置办了 6 台机器。"最初，卖煎饼主要是对外批发，曾经只能卖 10 元一斤，产量不小利润不高，都要做不下去了。"如今，季鹏程却在网上把煎饼卖到 38 元一斤。

转变思路做电商，季鹏程感谢"贵人"——样子哨镇常兴堡村的大学生村官贺业行。

贺业行是样子哨镇为数不多的大学生村官。2015 年初，贺业行研究了半年多，自学开网店，把当地的土特产榛蘑、木耳、婆婆丁茶叶等在网上销售。

一来二去，贺业行搞电商在镇上有了名气。太平沟村村支书找到贺业行，请他帮村里的合作社做电商。太平沟村的果蔬合作社有自己的品牌，经营着 20 公顷的果蔬园，产品有葡萄、香瓜、草莓，还有泥鳅等。

"比较了不同的平台，我们感觉'微商'更容易打开销路。朋友推荐朋友，就有了口碑。"年前，贺业行在微信上把镇上几个村子的小鸡全卖光了。"起初，庙前堡村温大爷家养了 20 多只小鸡，找到我们要在网上卖。在朋友圈和微店上分享后，订单就停不下来了。"

做起电商后，贺业行出去学习，到任何地方，头一件事就是加朋友圈。"合作社、农场主、大学生村官都是我接触的'客户'。朋友圈一圈套一圈，慢慢就做大了客户群。"

原先农民在街边叫卖的葡萄，如今卖出新花样。"微信拍照分享，让大家认领。"去年，微信网友120元认领一棵葡萄树，整个大棚400多棵葡萄树，算下来，就是4.8万多元的收入。电商做出了成效，贺业行走村串户去讲课，培训新型农民发展电商。

"太平沟村果蔬合作社的电商做得好，周边来务工的农民看在眼里，自家有啥要卖的，首先就提供给合作社网上销售。"贺业行把样子哨镇下面各个村屯的特产整合到合作社品牌里，通过淘宝、微信等网络平台进行销售，各种土特产还搭配组成了"套餐"。

要想致富　得先修"路"

数据显示：有宽带村庄的电商密度是无宽带村庄的2倍；与最多只有一条道路的村庄相比，多条道路可提高农民家庭收入1.23万元。

"2016年，俺们村网上草柳编工艺品销售额就达到3亿元。"互联网让村里祖祖辈辈传下来的老手艺卖火了，山东省博兴县锦秋街道湾头村的村"两委"成员安宝忠很是兴奋。现在，湾头村每家每户都在从事与草柳编有关的买卖，有的在网上卖，有的搞编织，还有的专门四处打捞蒲草等原材料。

2005年，网购兴起，村民们开始买电脑、装网络、学技术，做起了网络销售。安宝忠也成为村里触网较早的村民，如今他已是博兴县电子商务协会常务副会长。

"都说上了互联网，就等于进了一个无尽的大市场。"安宝忠回忆，"开始也没觉得网上销售有多厉害，感觉还不如线下。"其中，很重要的原因就是上网速度太慢。"跟顾客网聊谈交易，经常掉线。"安宝忠说，实时交流卡壳，等恢复了，顾客已经跑到别的卖家买完了。"那时候，好几户用一根网线，上网肯定不会快。"

改变发生在 2007 年。博兴县实施网络入口工程，给湾头村的农户免费安装了宽带。"沟通效率一下子高了，我的网店现在一个月能卖四五百单。"安宝忠笑呵呵地说，"村子的草柳编线上交易额占总交易额的 70%。"

"现在更方便！村里无线网全覆盖，在哪都能交易。"如今，村里的移动端交易已经超过了电脑端。博兴县累计投资 2.8 亿元，在全县建设 4G 基站 610 个，4G 移动信号全覆盖。

现在，村里驻扎了 26 家快递公司、3 家物流公司，都是上门取货，方便、快捷又高效；异地网购 3 天到、同城网购 24 小时送达。县里累计投资 13.2 亿元，新建改造公路 1300 余公里，农村硬化公路通到家门口。

给力的基础设施也吸引了 50 多位大学生。"他们点子多，懂得年轻人喜欢啥。"安宝忠说，从事草柳编的农户按照他们的设计生产，产品格外好卖。

最近，村子里正在升级电网。"电商越来越多，用电越来越多，免得超负荷停电给大家造成损失，这事得提前做。"安宝忠说。

（来源：中国农产品网）

1. 农副产品电商概念

所谓农副产品电商，是指在互联网开放的网络环境下，买卖双方基于浏览器/服务器的应用方式进行农副产品的商贸活动，它是互联网技术变革农副产品流通渠道的产物，是一种新型的商业模式。

我国传统农副产品流通销售过程（从农产品产出到消费），通常要经历农副产品经纪人、批发商、零售终端等多层中间环节，它具有信息流通不畅、流通成本过高的问题，互联网的出现，恰好改进了其弊端，并将农副产品的流通渠道变成网络状，进而衍生出不同的农副产品电商模式

（B2B 模式、B2C 模式等）。

相关数据显示，我国目前涉农电子商务平台已超 3 万家，其中农副产品电子商务平台已达 3000 家。农村电商是农村发展，打开致富大门的金钥匙，是精准扶贫的基础力量。

2. 农村电商产业链

农村电商是一个复杂的运行系统，除买卖双方外，农村电商产业链可以分为以下几大类：

（1）农资电商。农资电商平台有：云农场、农一网、农村淘宝、大丰收、丰收侠、七公里、草帽网等。

（2）农产品电商。农产品电商主要包括：

食材类：链农、甫田网、美菜等。

鲜花类：胡须先生、花礼网、小丑鲜花、爱尚鲜花、花点时间、花加等。

生鲜类：易果生鲜、本来生活、中粮我买网、顺丰优选、沱沱工社、菜管家、光明都市菜园、甫田网、U 掌柜、两鲜网、农家兄弟、俺的农场、味道网等。

（3）网络品牌商。网络品牌商包括三只松鼠、百草味、楼兰蜜语等。

（4）信息服务电商。包括：村村乐、中农网、农村中国、中国惠农网、中国农产品网、农技云、农管家、土地资源网、土流网等。

（5）支撑链。支撑链主要包括：

支付：支付宝、银联、Apple Pay、微信支付。

物流：顺丰、圆通、德邦、申通、EMS、DHL、黑狗。

金融：翼龙贷、乐钱、农发贷。

外贸：一达通、世贸通。

◎ 小知识

国内知名的农产品电商平台有哪些？

我买网

我买网是由世界 500 强企业中粮集团投资创办，致力于打造中国顶尖的安全食品购物网站。商品包括休闲食品、粮油、冲调品、饼干蛋糕、婴幼食品、果汁饮料等品类，是办公室白领和年轻一族的首选食品网络购物网站。

沱沱工社

沱沱工社以有机农业为切入点，建立起从事"有机，天然，高品质"食品销售的垂直生鲜电商平台。凭借雄厚的资金实力，沱沱工社整合了新鲜食品生产、加工、网络销售及冷链日配等各相关环节，成为目前中国有名的生鲜电商企业之一。

顺丰优选

顺丰优选是顺丰商业旗下的电商平台，经营精选的特色食品，并通过开放平台引入更为丰富的商品，涵盖全球美食、百货、海淘商品等多个品类，不断满足消费者对于品质生活的需求。

华荞网

华荞网是一家以"荞麦"为代表的农产品电商平台，平台强调要使消费者享受安全便捷的购物环境，品尝绿色健康的农副产品，是"互联网+"时代所有热衷绿色生活的人们首选网上商城。

本来生活网

本来生活网致力于与你共同行动，力所能及地改善中国食品安全。提供的产品包括：健康安全的蔬菜水果、肉禽蛋奶、米面粮油、母婴童食品、熟食面点等。

链农

链农为专业餐饮供应商，向消费者供应一站式、全品类、更低价的移动端食材采购服务。

惠农网

惠农网主要以 B2B 的方式为农村用户服务，为农产品提供供销渠道。惠农网的 LOGO 以绿色为主调，突出打造绿色、健康城市生态圈的理念。

绿谷网

绿谷网为面向国内大宗农产品网上交易的大型 B2B2C 电子商务平台。平台主要由三部分组成：农产品信息发布平台、农产品网上交易平台、农产品物流信息发布平台。

雨润果蔬网

雨润果蔬网是一家由雨润集团建设的农产品电商平台。网站为国内农产品企业、团体构建交流渠道，帮助供应商和采购商建立联系，挖掘国内农产品市场商业机会。

天天果园

天天果园是一家基于互联网技术的现代鲜果服务供应商，提供高品质鲜果产品和个性化鲜果服务

许鲜网

许鲜网是国内领先的鲜食预售平台，用户通过提前预订，即可于次日到店提取新鲜水果、当日生产的鲜食等。

易果生鲜

易果生鲜主要经营水果、肉类、禽蛋等 8 大品类共 3200 种产品，以"常温、冰鲜、冻鲜、活鲜"四种形式，全程冷链运输，全年无休鲜活配送。

苏鲜生

苏宁超市正式宣布进军生鲜电商市场，开售自营生鲜产品，并命名为"苏鲜生"。苏鲜生最先以上海、杭州为试点，产品涉及农副产品、水果、海鲜、禽蛋、肉类等。

（来源：作者根据相关资料综合整理）

3. 怎么加入农村电商平台

农民朋友做电商，无非就是两条路可走，一是自建网上商城，二是进驻第三方平台。自建网上商城，对于农民朋友来说可能性较低，除了需要投入大量资金进行网上商城建设，农民朋友没这个实力外，而且商城的后期维护及宣传推广等也需要专人负责及大笔资金投入，因为对于一个新建平台来说，没有品牌知名度和影响力，是很难吸引消费者到平台上去购物的，这样也就失去了建网上商城的意义。

而进驻第三方平台就省事得多，因为平台别人都已搭建好了，你只要申请进驻就可以了。当然，进别人家的门，就要受别人的管，按人家的规则行事，相比自建网上商城，各种限制增多了。

目前市面上的农村电商平台一般分为三种：一种是传统农字号企业所搭建的平台，如农集网、农一网等；另一种是互联网企业自建的平台，如京东农村、农村淘宝、淘实惠等；此外还有各地方政府搭建的各类电商平台。

在电商平台开设网店，不需要经历选地段、租店面、搞装修等线下开店复杂程式，没有租金和装修费，一般只需几千元就可以经营一个网店，只要资料齐全，准备充分，一周左右就可开业。互联网没有地域限制，只要能上网，全球的客户都能看到你的网店，人不出门，生意却可以做到全球各地，再加上农民朋友本身所拥有的各种农副产品优势，不涉及向外采购成本及库存成本，因此在网上开店非常适合农民朋友。

加入农村电商平台一般需要以下步骤：

首先，选择一个提供个人店铺平台的网站，注册为用户。一般要使用真实姓名和身份证等有效证件进行注册。注册栏中，要详细填写店铺所提供农副产品的分类，以便让你的目标用户能准确地找到你，同时要给店铺起个醒目的名字。

其次，货品展示。货品既可以是自己的农产品，也可以是其他农户的农产品，应确保农产品的新鲜及特色。在展示中，标价是一项技术活，太高，则没有价格优势；太低，如果算上物流，说不定会亏钱。有时网站还要开展推广活动，要求所有展示商品进行降价，因此要为活动预留一部分降价空间。

再次，还要进行营销推广。好酒也怕巷子深，如同现实中的商品推广一样，你要对店铺及产品进行各种推广，让交易对象知道你所销售的东西及优惠举措，否则，店铺无人关注，交易没有流量，开店就没有收益。

最后，还要接受交易对象的各种咨询，通过 QQ 进行耐心解答，以便成功进行交易。交易成功后，也不是就万事大吉了，还要处理客户的投诉及建议，争取回头客。如果服务态度不佳，客户给你一个差评，轻者受平台经济处罚，重者让其他客户失去对店铺的信任，店铺就会陷入生存危机中。

六、淘宝开店实例讲解

淘宝网（www. taobao. com）成立于 2003 年 5 月 10 日，由阿里巴巴集团投资创办，淘宝网是亚洲第一大网络零售商圈，其目标是致力于创造全球首选网络零售商圈。淘宝网目前业务跨越 C2C（消费者对消费者）、B2C

（商家对消费者）两大部分，拥有近 5 亿的注册用户数，每天有超过 6000 万的固定访客，同时每天的在线商品数已经超过了 8 亿件，平均每分钟售出 4.8 万件商品，占据了中国网络购物 80% 左右的市场份额。淘宝网在中国是深受欢迎的网购零售平台，在淘宝开网店是免费的，以下是淘宝开店的步骤。

1. 淘宝开店条件

（1）年满十八周岁。

（2）有自己的身份证。

（3）一个人，一个身份证只能开通一家网店。

2. 淘宝开店准备

（1）硬件准备：电脑、手机、银行卡、相机。

（2）电脑：要可以上网并进行简单的图片处理，对网速有一定的要求。

（3）手机：信号正常，可以接收验证提醒短信，对下载速度也有一定的要求。

（4）相机：要求像素高，可以进行细节拍摄。

（5）银行：需要开通网上银行。

3. 申请淘宝账号及账号认证

第一步：注册淘宝账号

（1）登录淘宝网（www.taobao.com）。

（2）在网页的右边找到"免费注册"字样。

（3）点击"免费注册"，在注册页面填写相关信息。

填写完毕之后点击"同意协议并注册"。

填写你的手机号码，并点击提交，验证成功之后即表示你的淘宝账号已经注册成功了。

第二步：淘宝账号认证

（1）实名认证

成功注册了淘宝账号之后，接下来便是实名认证。具体做法为：登录账号，进入淘宝后台，在网页右边找到"实名认证"。

点击"实名认证"。

按照里面的要求填写完毕之后，点击"确定"按钮，根据页面的要求填写相关信息，之后点击"同意协议并确定"这个按钮。

输入收到的验证码，点击"确定"按钮。

按照截图提示，点击"完善账户信息"，信息完善之后，返回"我的淘宝"，在网页右边找到截图，点击"实名认证"，在出现的界面点击"立即申请"，出现一个界面。

点击"下一步"，出现"申请成功"提示，此时就表明，你已经通过支付宝的实名认证了。

点击上面截图中的"点此上传"按钮，填写相关信息之后，出现"上传成功"提示，说明相关信息已经上传，等待淘宝后台的审核。

到你的淘宝账号后台那里找到"卖家中心"（在网页最上方），点击截图上面的"免费开店"，点击"立即认证按钮"，根据网页上的提示输入相关信息并提交照片（事先需要准备），填写好了之后点击"提交审核"按钮，等待淘宝后台的审核。

审核通过之后（审核时间一般为两三天），点击"卖家中心"——"免费开店"——"创建店铺"，页面会弹出一些淘宝开店的规则，仔细阅读这些规则之后点击"同意"，然后参加网上开店考试，考试通过之后就可以开店啦！

相关截图如下：

第一步，登录淘宝账号

第二步，点击卖家中心

第三步：接着选择创建个人店铺

第四步：然后点击同意协议

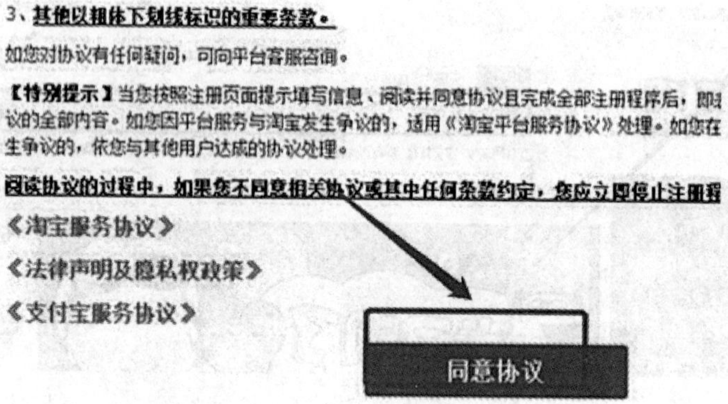

第五步：然后选择用户类型，并且绑定支付宝

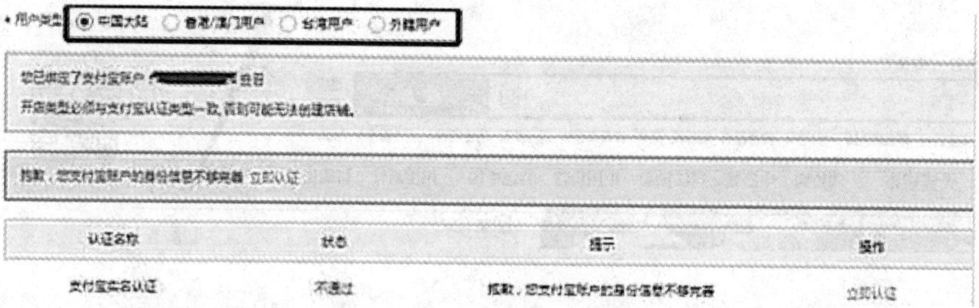

第六步：用支付宝认证补充个人信息

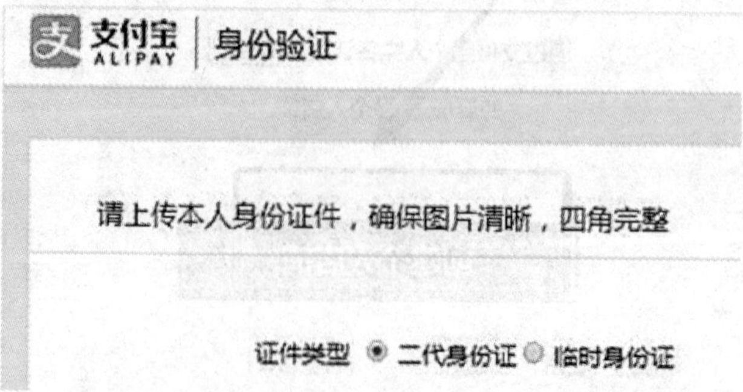

第七步：在淘宝认证

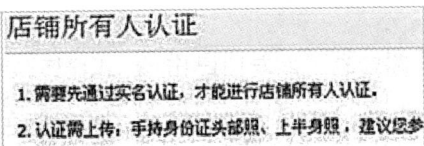

店铺所有人认证

1. 需要先通过实名认证，才能进行店铺所有人认证。

2. 认证需上传：手持身份证头部照片、上半身照、建议您参

第八步：开店完成

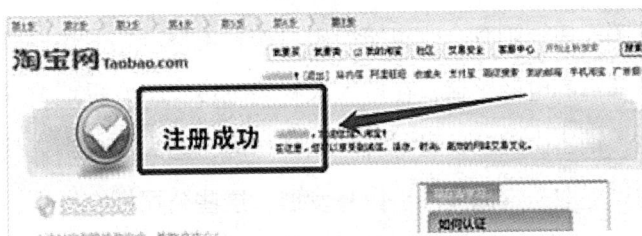

当然，成功创建网上店铺还只是万里长征的第一步，如本书前面所提的那样，创建店铺的目的是为了达成交易，面对网上海量店铺，如何让自己的店铺有特色，有经营实力，这就面临着店铺的定位、解决货源、店铺装修及维护，尤其是店铺销售推广以及物流配送等关键问题，如果哪一方面不达标，前面的工作就等于白干了。

为此，你要积极参加淘宝网官方活动，借以推广店铺产品，平日里要多进行店铺推广，可通过淘宝论坛，积极回复店铺方面的问题。也可在微博进行推广，经常发一些农产品（宝贝）推荐、生鲜品的精美图片等，当然还要做好各种售后服务，争取回头客。

总之，网上开店其实是很简单的，只要静下心来，愿意学，并敢于走出第一步，如伺候田里的庄稼一样努力经营，网店就一定给你丰厚的回报。

七、农村淘宝及京东农村

在淘宝开网站，需要农民朋友自己申请，自己营销，自己推广，一般农民朋友既没有这么高的技术，也没有这么多的时间去经营，为了切实解决这些实际困难，国家大力推广电商平台下乡，进行相应政府扶持，阿里、京东、苏宁等电商巨头纷纷推出各自的农村电子商务战略，乐村淘、淘实惠和赶街这样的草根企业也在农村电商市场上开疆拓土，此外还有诸如邮政、供销等传统国有企业也纷纷出台农村电商战略。这些公司一般直接派人管理各自的电商平台，在广大农村建站设点，农民朋友只需将优质农产品入站，销售由网站负责，农产品销售后，绝大部分销售款返给农民朋友，网站只提取一定佣金用于自身发展。这些公司拥有技术、平台优势及市场优势，农民朋友只管从事生产，提供优质农产品即可，双方各负其责，共享收益，无疑是农副产品销售的绝佳渠道。

农村淘宝、京东农村、乐村淘、淘实惠和遂网等五种模式是目前农村开展电商的典型模式，本书现重点介绍农村淘宝及京东农村这两种对广大农民影响最大的电商平台模式。

1. 农村淘宝模式

农村淘宝系阿里巴巴"千县万村"计划的产物，2014 年阿里巴巴上市后启动该项目。该项目计划在三至五年内投资 100 亿元，建立 1000 个县级运营中心和 10 万个村级服务站，普及村民对电子商务的认知和理解。阿里巴巴集团将以电子商务平台为基础，通过搭建区县—乡镇—农村各级服务网络，充分发挥电子商务优势，突破信息、物流、金融的瓶颈，解决农村买难卖难问题，加快实现"网货下乡"和"农产品进城"的双向流通功能。

农村淘宝的基本做法是：与地方政府合作，在县域层面建立公共服务

中心，政府提供宣传、财务、场地、培训等方面的支持，公共服务中心配备阿里网络负责人，负责区域内农村淘宝的管理、业务拓展以及农村淘宝合伙人的考核；在村一级层面建立农村淘宝服务站点，主要职能是网上交易的代卖代购和快递的代收代发，主要盈利点是每一单的佣金提成，此外，农村淘宝合伙人也负责当地农特产品的网上销售。

比如你在网上看中了一件 100 元的衣服，可以直接找到"农村淘宝"店主，让他帮你下单填地址。而你收到货后，也不必急着付款，先穿了再说。如果觉得满意，那就去店里付款，如果不喜欢，也没问题，直接把衣服交给农村淘宝退货即可。

至于卖就更方便了，地里的板栗熟了，只要给店里来个电话，技术人员就会上门拍照议价，然后你的土产品就上了淘宝网。得到订单后，发货即可。买家确认后，村民还可以选择现金或汇款两种方式来收钱。当然款项的一部分会作为农村淘宝的运营佣金。

如何加盟农村淘宝？

农村淘宝合伙人是一群借助阿里巴巴完善的电商生态产品改善农民生活形态和生活方式的人，他们是有理想、有抱负、为了建设美丽新农村而努力的群体，其职责是让家乡人能买到物美价廉种类繁多的商品，从生活用品到农资农具，无所不包，并让家乡人能通过电子商务将自家产品销往全国各地，勤劳致富。

农村淘宝合伙人招募条件为：

（1）年满 18 周岁，具备完全民事责任能力。

（2）熟练使用电脑、手机等电子产品，有网络购物经验。

（3）诚信，勤劳，愿意将农村淘宝作为自身发展的事业。

农村淘宝合伙人申请流程包括：网站报名、资质审核、签订协议、开业筹备、正式运营。

农村淘宝合伙人可获得以下支持：

（1）技术支持：专属的账号操作及相关技术支持。

（2）业务培训：阿里巴巴可提供完善的系列培训，包括操作说明、经营技巧、促销手法等系列培训，简单易懂上手快。

（3）运营支持：菜鸟网络全程跟进，物流支持高效便利。

（4）宣传支持：广播、电视、报纸等各类宣传手段不定期全面覆盖，迅速打造当地知名度。

农村淘宝合伙人盈利方式有：

（1）订单佣金。代购商品成交后，农村淘宝合伙人可获得按订单金额一定比例计算的服务费用。

（2）业务发展。除了网络代购，农村淘宝还将有网络代售、物流收发、农村金融等多元业务空间。

淘宝农村服务站为农村电商发展提供了新的思路，凡是已经开通县级服务中心站的地方都可以去加盟农村淘宝服务站。

2. 京东农村

京东农村电子商务模式可以概括为"双线发展，渠道下沉"。所谓"双线发展"指的是京东县级服务中心和京东帮服务站同时推进：京东县级服务中心以京东自营为主，负责京东平台上除大家电以外的商品的营销、配送和展示等业务，同时招募和培训京东乡村推广员，开拓农村市场；京东帮服务站则采用加盟合作的方式运作，负责京东平台上大家电的配送、安装、维修和营销。"渠道下沉"是针对京东家电下乡的痛点而来，京东意图利用县级服务中心和京东帮服务站打通4~6级市场，借助自营电商的正品行货优势，提出"让村里人与城里人享受同样的消费服务"的目标，进军农村消费市场。

基于自营模式和自建物流的特色，京东主要通过举办区域农特产品购物节、众筹等方式推进农副产品上行，这是京东基于原有业务在农村场景下，以农副产品为对象进行的拓展。

与农村淘宝的模式相比，京东模式的核心特征是利用自营平台和物流系统的优势，在原有基础上进行渠道下沉，在农村电商市场上打造正品行货的品牌优势，以此开拓农村消费市场；通过京东帮服务站吸收本地服务商加盟，快速实现了村级市场的布点覆盖，同时解决产品（尤其是大家电）的售后服务问题。京东农村电商模式的不足在于：工业品下行远大于农产品上行，作为最大的自营B2C电商，如何利用自身集中采购优势，如何与农村产业链服务融合，真正助力农产品上行，还有相当大的努力空间。

总体上讲，目前流行的农村电商模式主要以工业品下行为主，农产品上行方面的探索刚刚开始，尚未形成具有较强推广意义的方法和模式，主要原因有三：一是农产品的问题，农产品种类繁多，标准化程度低，难以形成一套具有普适性的做法；二是农村的问题，我国有60多万个行政村，各地的自然条件、资源禀赋和产业基础千差万别，要想走出一条成熟的农产品上行的发展模式十分困难；三是农村电商参与主体的问题，农产品上行需要一套集品控、物流和营销等为一体的服务体系，需要各个主体紧密协同配合才能完成这一体系的建立，而目前还未能看到这一协同配合机制的产生。

农村电商的长足发展必然要求不同参与主体的协同配合。首先，要依据自身定位，在诸如覆盖深度和覆盖广度等方面做好权衡取舍，集中资源围绕自身目标进行布局；其次，电子商务要趋利避害协调发展，就要与农村本土市场相结合，尽可能借用本地原有的资源，在与当地、与线下的融合中实现推动业态转型的目的；最后，农村电子商务是一个系统工程，电子商务市场格局空前复杂，各个主体如何有效协同配合是未来发展的重要课题。

八、微商

移动互联网的飞速发展，使得移动电商"钱"途无限，尤其是依托于智能移动端的微商，近年来如雨后春笋般泛滥，在朋友圈、QQ 空间、微博上涌动，让正在高歌猛进的淘宝电商逐渐成了传统模式。微商从字面上看大多数人会认为是在微信上销售商品，其实不仅仅是微信，"微"其实是一种互联网工具，"商"是指一种商业行为，微商最大的魅力在于，一部手机就可以完成交易，手机在哪里，你的店铺就在哪里，接单、收款、发货一个手机就能搞定，方便快捷，而且易学易用，很受农民朋友的欢迎。

其实，微商也是电商的一种，只要在电子设备上进行商品交易，都叫电商，只不过相比传统电商，它具有一些新的特点。

与传统电商相比，微商具有以下新的特点：

1. 优点

（1）简单易学。开一家微店非常简单，即使你毫无经验，只要会使用智能手机，就可以轻松开店，享受赚钱的乐趣。

（2）支付方法更开放。只要你有一部装有微信的手机就可以从事农副产品交易，这意味着消费者不用跳出微信即能买到所需商品，实现闭环电商。

（3）潜在用户规模大。目前我国有 10 亿手机用户，其中 7 亿装有微信，潜在用户规模巨大。

（4）易于推广。移动电商的宣传成本很低，只需要流量产生的费用。有时积极参加微店官方的活动，还会获得官方免费为你的微店推广的机会。

（5）限制因素少。微店基本不受营业时间、营业地点、营业面积等传统因素的限制，消费者可以在任何时间登录网站进行购物。

2. 缺点

（1）微信非专业电商平台，对微商的开展存在诸多限制。朋友圈设计的初衷也不是用于营销，微信对微商们的业务开展存在诸多限制和不便。

（2）微商和传统电商有很大区别，由于没有 7 天无理由退货，且客户无法对购货行为作出评价，维权困难，因此客户的担心忧虑比较多。

（3）监督机制缺乏。淘宝有支付宝这一利器，起到中间监管作用，给双方在交易后预留了足够的空间和保障。而微商没有中间监管机构，完全基于信任而从事交易，尤其是线下支付，存在一定的风险。.

（4）顾客来源受限。微商的客户主要来自朋友圈，而朋友圈的上限是5000 人，消费群体无疑受到极大的限制。此外，频繁发商品信息到朋友圈，会引起朋友的反感，受到拉黑或屏蔽处理，导致有效顾客大大缩水。

（5）售后保障体系不健全。淘宝建立了完善的售后评价体系，完善的退换货服务和赔偿体系，而微商完全没有，出现争议时，消费者基本无法维权。

（6）商品质量难得保证。微店所售商品质量的好坏，完全靠微商的一张嘴，不像淘宝有质量评价体系。

（7）缺乏退出机制。淘宝对店家有相应的退出机制，能对一些恶意卖家进行封号，扣除保证金等，微商则没有退出机制，也没有惩罚机制。

3. 淘宝电商与微商的整合为大势所趋

无论是淘宝电商还是微商，既存有自身的缺点，也有各自的长处，双方取长补短、相互融合成为未来发展的方向。对于传统淘宝电商卖家，要依托微商运营方法，利用好微商的社交、互动、黏性、团队、营销等特点，帮助淘宝进行引流。而对于传统微商，则要依托于淘宝＆支付宝，解决买卖双方的信任问题，增加额外的成交机会，引用淘宝一系列完善的交易体系、评价体系、服务体系、物流体系、维权体系等，提升客户服务满意度。只有整合了双方的优势，才能促使电子商务取得繁荣发展！

4. 农民朋友如何利用微店

微店就是基于微信平台的电子商务，类似于淘宝开店，是手机端的电子商务平台，它方便简洁实用，只需用手轻轻一点，消费者就可以随时随地关注你的商品动态，你也可在第一时间与顾客进行心与心的沟通，了解他们的需求。微店无处不在，玩在手心，改变传统营销模式，人人都是老板，人人都是消费者。微店是零成本开设的小型网店，没有资金的压力，只需用碎片时间和个人社交圈就可进行营销推广。

关于在哪里开微店、微店如何注册登录、如何管理微店、如何在微店对农副产品进行商品推广、如何利用微店获取粉丝及如何进行订单处理及售后服务等，因为微店实质上就是电商，和电商平台管理大同小异，因此本书对此不作额外介绍。

目前农村微商主要以农产品微商为主，农村微商主要分为两类，一类是将农产品卖出去，另一类是把城市的品牌渗透入农村。微商是在信任的基础上完成的交易，能够保证商品质量。由于是直接发货给消费者，减少了中间环节，销售价不会很高，有利于产品向外界推广，让农产品卖得更远，同时微商销售省去了电商平台的注册资金，省去了有偿推广等各环节，因此比电商销售成本更低。

但农村微商问题也有很多。首先是农村微商面临着与农村电商相同的困境，除基础设施不够完善，电脑和网络不发达，有时不能进行线上销售外，更主要的问题是人才匮乏，严重影响微商的后续发展，物流配送难题也无法得到根本解决。

除此之外，农村很多特色产品无法包装，纯天然绿色食品等很难得到城市市民的认可。农村微商与城市微商一样，缺少统一的监管，商品真实性有待考量，有潜在的安全风险。农民知识教育水平偏低，安全意识较弱，极易将微商转变为传销，陷入传销组织。

　　总之，由于微商大部分是基于熟人而进行的推广与销售，销售圈子受到限制，农村微商只能作为增加分售渠道的一种方式，由于供应链不完善，农村微商要想发挥更大的作用目前很难，农民朋友对此应有清醒的认识。

附　录

附录一　农业部办公厅关于印发《农业电子商务试点方案》的通知

有关省（区、市）农业（农牧）厅（局、委）：

为贯彻落实《国务院关于大力发展电子商务加快培育经济新动力的意见》（国发〔2015〕24号）、《国务院关于积极推进"互联网+"行动的指导意见》（国发〔2015〕40号）、《国务院办公厅关于促进农村电子商务加快发展的指导意见》（国办发〔2015〕78号）和《农业部、国家发展和改革委员会、商务部关于印发〈推进农业电子商务发展行动计划〉的通知》（农市发〔2015〕3号）等文件的部署要求，积极探索"基地+城市社区"鲜活农产品直配、"放心农资进农家"等农业电子商务新模式，力求突破当前农业电子商务发展面临的瓶颈和障碍，加快推进农业电子商务健康发展，特制定本方案。

一、重要意义

农业电子商务是"互联网+"现代农业的重要内容，是转变农业发展方式的重要手段，是精准扶贫的重要载体，加快发展以农产品、农业生产资料、休闲农业等为主要内容的农业电子商务，对于创新农产品流通方式、构建现代农业生产经营管理体系、促进农民收入特别是贫困地区农民收入较快增长、实现全面建成小康社会具有重要意义。近年来，生鲜电商作为农业电子商务的热点，涌现出了一批各具特色的电商模式，从最基本的 B2C（企业零售）模式，发展到后来的 F2C（农场直供）模式、C2B（消费者定制）模式、C2F（订单农业）模式、O2O（线上线下）模式和CSA（社区支持农业）模式等。大型农资生产企业和经销商已经开始触网探索农资电商，一些综合性电商平台企业、农业服务企业也开始利用自身的网络技术和优势进入农资电商市场，农资电商正在加速发展。同时，休闲农业、乡村旅游、民宿正在借力互联网挖掘巨大的潜在价值。但应当看到，我国农业电子商务发展仍处在初级阶段，物流配送、产品标准、质量管理、诚信体系、盈利模式等方面存在的问题仍是制约农业电子商务发展的瓶颈和障碍。开展农业电子商务试点，就是要充分发挥农业部门牵线搭桥的作用，鼓励农业电子商务企业探索新模式，创新性地破解农业电子商务发展的瓶颈和障碍，促进农业电子商务与工业品、消费品电子商务融合发展，推动农业转型升级、农村经济发展和农民创业增收。

二、指导思想

全面贯彻党的十八大和十八届三中、四中、五中全会精神，贯彻落实创新、协调、绿色、开放、共享的发展理念，按照党中央、国务院有关推进电子商务发展的部署要求，以改革创新为动力，围绕促进农业发展方式转变、推进农业供给侧结构性改革的任务，强化顶层设计和政策引导，着力解决农业电子商务发展中的困难和问题，着力完善制度、机制和模式，着力营造开放、规范、诚信、安全的发展环境，推动产业组织优化、产业结构升级和生产方式变革，带动农业市场化，倒逼农业标准化，促进农业规模化，提升农业品牌化，为加快实现农业现代化和城乡发展一体化提供新的动力。

三、主要目标

北京、河北、吉林、湖南、广东、重庆、宁夏等7省（区、市）重点在鲜活农产品电子商务方面开展试点，吉林、黑龙江、江苏、湖南等4省重点在农业生产资料电子商务方面开展试点，北京、海南在休闲农业电子商务方面开展试点。通过试点，逐步探索出农产品、农业生产资料、休闲农业等不同类别农业电子商务的发展路径，初步形成农产品电商标准体系、全程冷链物流配送体系、农产品和农资质量安全追溯及监管体系、休闲观光农业旅游产品质量监督体系、"基地+城市社区"鲜活农产品直配模式、农资线上销售模式等一系列运营模式和制度规范，在推动创业创新、发展分享经济、促进农民增收、带动贫困地区脱贫、实现多方共赢等方面取得积极进展，为推进农业电子商务快速健康发展提供可推广、可复制的做法和经验。

四、主要任务

（一）鲜活农产品电子商务试点

1. "基地+城市社区"直配模式。建立农产品生产基地的智能管理服务平台，提供农产品种植计划、农产品实时产量、采后库存等信息；建立鲜活农产品产销网络对接平台，采集生鲜采购商（生鲜电商、商超、社区店、餐饮、大客户等）的采购信息，并与生产基地进行对接，制订鲜活农产品销售计划；设立农产品体验店、自提点和提货柜，加强与传统鲜活农产品零售渠道的合作，开展农场会员宅配、农产品众筹、社区支持农业等模式探索，建立农产品社区直供系统；自建或依托第三方，建立全程冷链物流配送体系。鼓励开展其他形式的"基地+城市社区"鲜活农产品直配试点。（试点省份：北京、河北、吉林、湖南、广东、重庆）

2. "批发市场+宅配"模式。推动电商企业与农产品批发市场合作，充分发挥农产品批发市场集货、仓储优势，依托社区便利店、水果店设立自提点，建立城市鲜活农产品配送物流体系，探索鲜活农产品直配到户的"批发市场+宅配"电商零售模式。（试点省份：北京、广东）

3. 鲜活农产品电商标准体系。支持电子商务企业制定适合电子商务的农产品分等分级、产品包装、物流配送、业务规范等标准，组织快递企业制定适应农业电子商务产品寄递需求的定制化包装、专业服务等标准，研究制定农业电子商务技术标准和业务规范。（试点省份：河北、重庆）

4. 鲜活农产品质量安全追溯及监管体系。建立健全"名特优新""三品一标""一村一品"等电子商务基础数据库，探索与电商企业建立数据共享机制；建立健全适应电子商务需求的农产品质量安全追溯管理信息系统，完善农产品质量标准和质量安全追溯体系。（试点省份：吉林、重庆、宁夏）

（二）农业生产资料电子商务试点

5. 农资网上销售平台。充分利用信息进村入户平台、大型农业及农资电商平台、供销社等已有渠道，线上线下相结合，开展农资网上销售，探索实现部分县域的农资电商配送全覆盖；现阶段，以化肥为重点，逐步扩展到种子、农药、兽药、农机具等主要农资品种；鼓励电商企业加大宣传和培训力度，积极引导农民逐渐形成网购农资习惯。（试点省份：吉林、黑龙江、江苏、湖南）

6. 农资电商服务体系。推动农资生产、经销企业与电商平台企业加强合作，依托国家农业数据中心、12316三农综合信息服务平台和农技推广服务体系，提供测土配方施肥、农资市场价格、农资使用指导、农事咨询、气象信息等专业服务；支持电商平台企业建立大数据分析系统，掌握分析农民用肥、施肥数据及测土配方、病虫害等数据，由单一的农资销售平台向产前、产中、产后全链条农资服务商转变，试点农资精准服务；加强与银行、保险公司等金融服务企业合作，提供农资贷款、农业生产保险等相关金融服务。（试点省份：吉林、黑龙江、江苏、湖南）

7. 农资电商监管体系。建立健全适应电子商务需求的农业生产资料质量安全追溯管理信息系统和网上投诉处理平台，推动种植、畜牧、水产以及种子、化肥、农药、农机等行业监管信息共享和互联互通，加强农资电商监管，推行信用档案制度，确保网上销售的农资可信、可用、可管。（试点省份：吉林、黑龙江重点建立化肥电商监管体系，吉林、湖南重点建立种子电商监管体系，江苏重点建立农药、兽药电商监管体系）

（三）休闲农业电子商务试点

8. 休闲农业电商平台。推动城市郊区休闲农业资源建设、开发，整合休闲农业资源，以标准化接待规范、信用评价体系、地理信息系统和移动定位技术为支撑，以采摘、餐饮、住宿、主题活动、民俗产品购销等为主要服务内容，建立统一的休闲农业线上推介、销售、服务平台和质量监督体系，实现乡村旅游线上直销，推动形成线上线下融合、城乡互动发展的休闲农业产业链。（试点省份：北京、海南）

五、保障措施

（一）加强组织领导

试点省份农业部门要加强组织领导，选定试点实施企业，制定试点实施方案，细化分工，落实责任，并每个季度向农业部市场与经济信息司报告试点工作进展情况。农业部市场与经济信息司将于2016年底前对试点任务完成情况进行全面评估，认真总结试点实践经验，及时向全国推广。

（二）加强技术指导

试点省份农业部门要加强与科研院校、电商企业的合作，按照本省份的试点任务要求，加快研究制定相关技术规范，建设相关信息服务平台。农业部市场与经济信息司将会同部信息中心组织有关专家，加强对试点省份的技术指导，加快推进理论研究和标准制定工作。

（三）强化经费和政策保障

试点省份农业部门要积极争取相关部门的资金和政策支持，依托企业开展试点，建立"政府引导、企业主体"的市场化运行模式。农业部在制定相关政策时，对试点省份优先考虑、予以倾斜，支持试点省份开展试点工作。

农业部办公厅

2016 年 1 月 12 日

附录二　国务院办公厅关于促进农村电子
商务加快发展的指导意见

国办发〔2015〕78 号

各省、自治区、直辖市人民政府，国务院各部委、各直属机构：

农村电子商务是转变农业发展方式的重要手段，是精准扶贫的重要载体。通过大众创业、万众创新，发挥市场机制作用，加快农村电子商务发展，把实体店与电商有机结合，使实体经济与互联网产生叠加效应，有利于促消费、扩内需，推动农业升级、农村发展、农民增收。经国务院批准，现就促进农村电子商务加快发展提出以下意见：

一、指导思想

全面贯彻党的十八大和十八届三中、四中、五中全会精神，落实国务院决策部署，按照全面建成小康社会目标和新型工业化、信息化、城镇化、农业现代化同步发展的要求，深化农村流通体制改革，创新农村商业模式，培育和壮大农村电子商务市场主体，加强基础设施建设，完善政策环境，加快发展线上线下融合、覆盖全程、综合配套、安全高效、便捷实惠的现代农村商品流通和服务网络。

二、发展目标

到 2020 年，初步建成统一开放、竞争有序、诚信守法、安全可靠、绿色环保的农村电子商务市场体系，农村电子商务与农村一二三产业深度融合，在推动农民创业就业、开拓农村消费市场、带动农村扶贫开发等方面取得明显成效。

三、重点任务

（一）积极培育农村电子商务市场主体。充分发挥现有市场资源和第三方平台作用，培育多元化农村电子商务市场主体，鼓励电商、物流、商贸、金融、供销、邮政、快递等各类社会资源加强合作，构建农村购物网络平台，实现优势资源的对接与整合，参与农村电子商务发展。

（二）扩大电子商务在农业农村的应用。在农业生产、加工、流通等环节，加强互联网技术应用和推广。拓宽农产品、民俗产品、乡村旅游等市场，在促进工业品、农业生产资料下乡的同时，为农产品进城拓展更大空间。加强运用电子商务大数据引导农业生产，促进农业发展方式转变。

（三）改善农村电子商务发展环境。硬环境方面，加强农村流通基础设施建设，提高农村宽带普及率，加强农村公路建设，提高农村物流配送能力；软环境方面，加强政策扶持，加强人才培养，营造良好市场环境。

四、政策措施

（一）加强政策扶持。深入开展电子商务进农村综合示范，优先在革命老区和贫困地区实施，有关财政支持资金不得用于网络交易平台的建设。制定出台农村电子商务服务规范和工作指引，指导地方开展工作。加快推进信息进村入户工作。加快推进适应电子商务的农产品分等分级、包装运输标准制定和应用。把电子商务纳入扶贫开发工作体系，以建档立卡贫困村为工作重点，提升贫困户运用电子商务创业增收的能力，鼓励引导电商企业开辟革命老区和贫困地区特色农产品网上销售平台，与合作社、种养大户等建立直采直供关系，增加就业和增收渠道。

（二）鼓励和支持开拓创新。鼓励地方、企业等因地制宜，积极探索农村电子商务新模式。开展农村电子商务创新创业大赛，调动返乡高校毕业生、返乡青年和农民工、大学生村官、农村青年、巾帼致富带头人、退伍军人等参与农村电子商务的积极性。开展农村电子商务强县创建活动，发挥其带动和引领作用。鼓励供销合作社创建农产品电子商务交易平台。引导各类媒体加大对农村电子商务的宣传力度，发掘典型案例，推广成功经验。

（三）大力培养农村电商人才。实施农村电子商务百万英才计划，对农民、合作社和政府人员等进行技能培训，增强农民使用智能手机的能力，积极利用移动互联网拓宽电子商务渠道，提升为农民提供信息服务的能力。有条件的地区可以建立专业的电子商务人才培训基地和师资队伍，努力培养一批既懂理论又懂业务、会经营网店、能带头致富的复合型人才。引导具有实践经验的电子商务从业者从城镇返乡创业，鼓励电子商务职业经理人到农村发展。

（四）加快完善农村物流休系。加强交通运输、商贸流通、农业、供销、邮政等部门和单位及电商、快递企业对相关农村物流服务网络和设施的共享衔接，加快完善县乡村农村物流体系，鼓励多站合一、服务同网。鼓励传统农村商贸企业建设乡镇商贸中心和配送中心，发挥好邮政普遍服务的优势，发展第三方配送和共同配送，重点支持老少边穷地区物流设施建设，提高流通效率。加强农产品产地集配和冷链等设施建设。

（五）加强农村基础设施建设。完善电信普遍服务补偿机制，加快农村信息基础设施建设和宽带普及。促进宽带网络提速降费，结合农村电子商务发展，持续提高农村宽带普及率。以建制村通硬化路为重点加快农村公路建设，推进城乡客运一体化，推动有条件的地区实施农村客运线路公交化改造。

（六）加大金融支持力度。鼓励村级电子商务服务点、助农取款服务点相互依托建设，实现优势互补、资源整合，提高利用效率。支持银行业金融机构和支付机构研发适合农村特点的网上支付、手机支付、供应链贷款等金融产品，加强风险控制，保障客户信息和资金安全。加大对电子商务创业农民尤其是青年农民的授信和贷款支持。简化农村网商小额短期贷款手续。符合条件的农村网商，可按规定享受创业担保贷款及贴息政策。

（七）营造规范有序的市场环境。加强网络市场监管，强化安全和质量要求，打击制售假冒伪劣商品、虚假宣传、不正当竞争和侵犯知识产权等违法行为，维护消费者合法权益，促进守法诚信经营。督促第三方平台加强内部管理，规范主体准入，遏制"刷信用"等欺诈行为。维护公平竞争的市场秩序，推进农村电子商务诚信建设。

五、组织实施

各地区、各部门要进一步提高认识，加强组织领导和统筹协调，落实工作责任，完善工作机制，切实抓好各项政策措施的落实。

地方各级人民政府特别是县级人民政府要结合本地实际，因地制宜制订实施方案，出台具体措施；充分发挥农村基层组织的带头作用，整合农村各类资源，积极推动农村电子商务发展。同时，加强规划引导，防止盲目发展和低水平竞争。

各部门要明确分工，密切协作，形成合力。商务部要会同有关部门加强统筹协调、跟踪督查，及时总结和推广经验，确保各项任务措施落实到位。

国务院办公厅

2015 年 10 月 31 日

参考文献

[1] 骆群祥. 农副产品营销技巧 [M]. 广东经济出版社，1999.

[2] 罗振林，罗霆. 农副产品加工业 [M]. 中国社会出版社，2009.

[3] 张博. 农资营销实战全指导 [M]. 中国经济出版社，2013.

[4] 马丽婷. 农民如何做电商：淘宝、微商、APP 经营推广一本通 [M]. 中国工商联合出版社，2017.

[5] 周汝波. 农村电子商务实训教程 [M]. 云南科技出版社，2017.

[6] 《电子商务理论与实务》编写组. 电子商务理论与实务 [M]. 武汉大学出版社，2015.

[7] 黄敏学. 网络营销 [M]. 武汉大学出版社，2015.